VENCEDORES

Grandes empreendedores
e inovadores “contam”
suas histórias.

Evandro Milet
Lucas Izoton

VENCEDORES

Grandes empreendedores
e inovadores "contam"
suas histórias.

QUALITYMARK

Direção Editorial	Produção Editorial
SAIDUL RAHMAN MAHOMED editor@qualitymark.com.br	**EQUIPE QUALITYMARK**
Projeto Gráfico e Editoração	Capa
ROBERTA SIMÕES	**ROBERTA SIMÕES**

CIP-Brasil. Catalogação-na-fonte
Sindicato Nacional dos Editores de Livros, RJ

M588v

Milet, Evandro
Vencedores : grandes empreendedores e inovadores "contam" suas histórias / Evandro Milet, Lucas Izoton. – 1. ed. – Rio de Janeiro : Qualitymark Editora, 2022.
172 p. ; 21 cm.

ISBN 978-85-414-0410-5

1. Empreendedorismo. 2. Empreendedores – Estudos de casos. 3. Inovação. 4. Sucesso nos negócios. I. Izoton, Lucas. II. Título.

22-75879 CDD: 658.421
CDU: 005.342

Meri Gleici Rodrigues de Souza – Bibliotecária – CRB-7/6439

2022
IMPRESSO NO BRASIL

Qualitymark Editora Ltda.	www.qualitymark.com.br
Rua Carlos Machado, 155 – sl. 207	E-mail: quality@qualitymark.com.br
Polo Cine e Vídeo – Jacarepaguá	Tels.: (21) 3597-9055 / 3597-9056
CEP: 22775-042 – Rio de Janeiro – RJ	Vendas: (21) 3296-7649

AGRADECIMENTOS

A todos que colaboraram com este trabalho;

Aos empreendedores e inovadores que serviram de inspiração e fonte;

Aos inúmeros autores de biografias, jornalistas, entrevistadores e blogueiros, onde fomos buscar as informações;

Aos amigos que leram os primeiros rascunhos e tiraram nossas dúvidas sobre a oportunidade e concepção do conteúdo;

Às nossas famílias que ouviram, sugeriram e serviram de teste para algumas abordagens incluídas no texto;

A Kátia Cabidelli e Roberta Simões que pacientemente organizaram e revisaram toda a publicação;

A Deus, pela inspiração.

SUMÁRIO

APRESENTAÇÃO

"Se você pode sonhar, pode realizar."

(Walt Disney)

Nós, Evandro Milet e Lucas Izoton, somos dois amigos antenados nos mesmos assuntos, gostamos de trocar ideias e às vezes até jogar conversa fora, especulando ora sobre temas sérios como empreendedorismo, inovação, gestão de empresas e desenvolvimento profissional, ora sobre as agruras do futebol de nossos times, respectivamente Flamengo e Vasco.

O nosso diálogo permite avaliações futuristas sobre o que pode acontecer na economia, política e principalmente na tecnologia. Livros, artigos, vídeos e reportagens são fontes permanentes de informações e troca de impressões. Se tivermos uma taça de vinho no meio, a conversa vai ainda mais longe.

Um dos bate-papos recorrentes é sobre figuras importantes da história recente ou antiga em se tratando de empreendedorismo e inovação. A curiosidade sobre a vida dessas pessoas, alguns já mortos, outros difíceis de chegar perto, a não ser nas biografias, entrevistas publicadas ou filmes, nos levou certa noite a uma conversa descontraída sobre a possibilidade de viajarmos no tempo ou sermos teletransportados de forma real ou com as tecnologias da holografia para podermos conversar com alguns desses personagens.

Como diz o poeta maranhense Ferreira Gullar, conterrâneo do Evandro, "a arte existe porque a vida não basta". De alguma forma, a tecnologia também. Se não podemos conversar na vida real com nossos personagens, podemos conversar na ficção, construindo nossa máquina do tempo como o professor maluco do filme *De volta para o futuro* ou viajando na promissora tecnologia da holografia, que já está entrando no mercado, fazendo um teletransporte digital para nos encontrarmos com essas interessantes figuras.

A nossa curiosidade não é somente sobre o desempenho profissional, mas também sobre a vida e as características pessoais destas personalidades. Muitos empreendedores e inovadores bem-sucedidos começaram cedo no trabalho, alguns na adolescência, outros ainda na infância, e aquilo que construíram tem a ver com o que vivenciaram desde cedo. Todos eles influenciaram a história, a economia dos seus países ou até do mundo, bem como abriram caminhos para muitos que vieram depois e servem de estímulo para estudantes e empreendedores.

São inspiradores alguns nomes nacionais, ícones do empresariado. Luiza Trajano, do Magazine Luiza, começou como vendedora na loja da tia aos doze anos de idade e revolucionou o *e-commerce* no Brasil. O Barão de Mauá foi trabalhar com o tio aos nove anos e se transformou no maior empresário brasileiro do século XIX. O espanhol Amancio Ortega, do grupo Zara, largou os estudos aos treze anos para trabalhar como vendedor em uma loja para ajudar a família e tornou-se o maior varejista de moda do planeta.

Alguns, como a estilista e empreendedora Coco Chanel, acreditaram em si próprios, nos seus *feelings* e enfrentaram as sociedades de sua época. Reed Hastings disse que ser empreendedor não causa medo em quem já pegou carona por toda a África com dez dólares no bolso. Depois, fundou a Netflix, que com seus filmes e séries, atenuou a quarentena de milhões de pessoas durante a pandemia.

Steve Jobs queria deixar uma marca no universo e conseguiu ao inventar o microcomputador, o *smartphone*, o iPod, entre outras maravilhas, e nos permitir a mobilidade conectada. Jeff Bezos usou o nome do maior rio do mundo para vislumbrar e criar, também, a maior loja do mundo, que vende de tudo, e praticamente inventar o *e-commerce*. É difícil imaginar a nossa vida sem Word, Excel e PowerPoint, que Bill Gates colocou no mercado, além de popularizar o computador pessoal. Elon Musk provocou a revolução do automóvel que começa a acontecer com seus carros elétricos, mas sempre traz novidades, como a ideia de colonizar Marte.

Se estas pessoas não passaram por dificuldades financeiras como outros personagens e tiveram oportunidade de frequentar universidades — alguns por pouco tempo — sem precisar trabalhar tão cedo, foram também fora de série na capacidade imaginativa e na criação de algo novo e espetacular.

Walt Disney começou a desenhar aos quatro anos, chegou a não ter onde morar e até passou fome, porém revolucionou a economia criativa mundial a partir de um rato. Henry Ford criou a nova indústria do século XX, inovando na produção em série de automóveis.

Albert Einstein foi certamente o maior de todos os cientistas. Se ele não foi empreendedor como os outros, muito do que eles fizeram não existiria sem suas teorias.

A nossa "brincadeira séria" gerou um desafio, que é descobrir como criar essa máquina do tempo ou esse teletransporte holográfico na prática, permitindo entrevistas que exponham para os leitores o espírito empreendedor, a ousadia, a capacidade de inovar, a história, o comportamento e o pensamento de cada um dos entrevistados virtuais. E se não dá para fazer isso de verdade, que seja na fantasia mesmo, aproveitando a imensidão de informações já publicadas sobre eles. Portanto, não leve muito a sério as nossas "viajadas", afinal, o livro é sobre pessoas criativas e empreendedoras. Se pudessem, eles inventariam esse nosso meio de transporte.

Se a conversa será com pessoas ousadas que contribuíram para mudar suas regiões e o próprio mundo, nada melhor do que inovar na forma e se inspirar neles, que com trabalho e persistência transformaram a vida de muita gente. Viajar no tempo para o passado ou no espaço para cruzar continentes é complicado, mas nada que a imaginação e o sonho não consigam fazer.

Isso eles nos ensinaram.

O INTERESSE POR TECNOLOGIA E INOVAÇÃO

A tecnologia sempre me fascinou. Brinquedos de infância sinalizavam esse gosto pela inovação: um laboratório de química, um conjunto de peças que formavam lunetas e microscópios, uma lente de aumento para concentrar raios de sol e tocar fogo em papel. Na adolescência, um teste vocacional sinalizou cibernética no topo, incentivando a minha participação em um clube de foguetes, assim como os primeiros cursos de informática.

A graduação em matemática e o mestrado em informática profissionalizaram a vocação com a primeira tese em redes de computadores na PUC/RJ. O primeiro emprego foi em um grupo de pesquisas, desenvolvendo sistemas operacionais para computadores em projetos inovadores e um dos primeiros sistemas de automação bancária do país. Ao crescimento em tecnologia e inovação se juntou a experiência como executivo e um aprofundamento em modelos inovadores de gestão. O empreendedor privado veio mais tarde, com a vontade de colocar em prática o conhecimento acumulado em inovação e gestão. A passagem pela Finep e pelo Sebrae como consultor e depois executivo ampliaram o campo de visão da inovação. O gosto pela leitura me introduziu aos grandes inovadores e ao impacto da inovação na produtividade e no próprio desenvolvimento do país.

Quando o amigo Lucas Izoton, que teve importante papel em uma fase dessa atividade profissional, me convidou para escrevermos juntos um livro sobre os grandes empreendedores e inovadores, a aceitação foi natural, imediata e realizada com prazer. É o mundo onde sempre transitei, assim como acompanhei, na época, a história de muitos desses empreendedores, trabalhando pioneiramente com algumas das suas inovações. Saber mais detalhes dessas histórias e poder compartilhá-las de modo agradável com outras pessoas, unindo inovação e empreendedorismo, é uma satisfação.

Evandro Milet

evandro.milet@gmail.com
www.evandromilet.com.br

A PAIXÃO PELO EMPREENDEDORISMO

Quando criança, eu admirava e observava mais detalhadamente as pessoas que trabalhavam por conta própria. Percebi que elas tinham mais liberdade e autonomia, em contrapartida, era visível que a carga horária trabalhada era bem maior que a de um profissional normal. Por opção, tive a oportunidade de vivenciar algumas "experiências empreendedoras" na minha infância e adolescência, quando vendi refresco em uma feira livre, comercializava produtos Avon com minha mãe e depois passei a fazer artesanato de couro.

Durante a universidade e nos primeiros anos após a formatura, percebi que a minha vida de engenheiro técnico seria curta, portanto, logo passei a ter meus próprios negócios. Assim, pude enxergar ainda mais a necessidade de adotar atitudes comportamentais empreendedoras, como muita iniciativa, persistência, autoconfiança, comprometimento, busca de informações, estabelecimento de metas, entre muitas outras.

Escrever este livro em parceria com meu amigo Evandro Milet foi um grande prazer e um elevado nível de aprendizado. Afinal, foram necessárias algumas dezenas de horas de dedicação a fim de conhecer melhor cada personagem "entrevistado". Em minhas pesquisas, nas informações existentes, eu procurava identificar as ações e tomadas de decisão que foram as principais causas dos sucessos e mesmo insucessos. A cada fonte pesquisada, senti-me como se estivesse em uma aula de empreendedorismo e inovação.

Existe um ditado que diz que uma pessoa inteligente aprende com seus próprios erros e acertos e que uma pessoa sábia aprende com erros e acertos dos outros. Ao escrever este livro, procurei identificar os erros e acertos destas fantásticas pessoas. Agradeço a Deus, por permitir compartilhar este conhecimento adquirido.

Lucas Izoton

lucas@cobradagua.com.br
www.lucasizoton.com.br

PREFÁCIO

Peter Drucker

Nós consideramos o consultor, escritor e economista Peter Drucker como o mestre dos mestres, afinal, ele ficou conhecido em todo o mundo como o "pai da administração moderna". Nos seus cerca de 30 livros, tratou de vários temas importantes para o mundo dos negócios e, inclusive, influenciou vários personagens que são referências em inovação e empreendedorismo.

Ele nasceu em Viena, capital da Áustria, em 1909, e morreu em 2005. Muitas das atuais teorias sobre gestão empresarial têm relacionamento com as premissas formuladas por Drucker.

Nós começamos a conhecer um pouco os seus conceitos quando iniciamos nossas carreiras profissionais na década de 1970 e, como muitos dos empreendedores e executivos, começamos lendo o livro *O Gerente Eficaz*, lançado em 1967. Neste livro, Peter Drucker enfatizava a importância da administração do tempo que não pode ser recuperado, do autodesenvolvimento, da melhoria contínua e da tomada de decisão.

Com base nesse histórico, é com muita honra que o convidamos, em pensamento, para escrever o prefácio deste livro, a partir das conversas fictícias, embora reais no seu conteúdo, com alguns dos maiores empreendedores e inovadores da história.

Em um episódio da série de ficção científica Black Mirror, que aborda as novas tecnologias e atualmente está na Netflix, a namorada grávida resolve usar uma nova tecnologia capaz de recriar a voz e a personalidade do namorado, morto recentemente em um acidente de trânsito, com base em seu perfil nas redes sociais e outros materiais audiovisuais. O desfecho da história é bizarro, como os outros episódios da série, mas resolvemos usar essa tecnologia, que começa a ser vista na realidade dos *deepfakes*, para pedir ao pai da administração moderna, Peter Drucker, que escrevesse este prefácio aproveitando os seus inúmeros ensinamentos publicados e de conhecimento público sobre empreendedorismo e inovação. É importante ressaltar que não tem nada de *fake*. O prefácio foi escrito juntando uma coletânea de pensamentos de Drucker existentes em vídeos, entrevistas, artigos, documentários e livros com uma pequena parte nossa, apenas para encadear o raciocínio.

Segue o "prefácio" do nosso guru Peter Drucker:

Li o livro e percebi o grande recado que esta publicação pretende passar. Em todas as conversas fica clara a percepção de que, acima de tudo, inovação não é invenção. É mais um termo de economia do que de tecnologia. A inovação é a função específica da capacidade empresarial, seja num negócio já existente, numa instituição de serviço público ou num pequeno negócio iniciado por um indivíduo na cozinha da família. É o meio pelo qual um espírito empreendedor cria novos recursos de produção de riqueza ou desenvolve recursos já existentes com um potencial refinado para a geração de riqueza. O conhecimento era um bem privado, associado ao verbo saber. Agora, é um bem público ligado ao verbo fazer. O fato é que essas palavras estão conectadas: não há inovação sem empreendedores.

Existem, obviamente, inovações que provêm de rasgos de genialidade. No entanto, a maioria das inovações e, especialmente, as de maior sucesso, resultam de uma procura consciente e intencional de oportunidades de inovação que se resumem a apenas algumas situações.

Os empreendedores aprendem que os resultados vêm do aproveitamento de oportunidades e não da solução de problemas. A resolução de problemas apenas restaura a normalidade. Oportunidades significam explorar novos caminhos.

As personalidades entrevistadas têm essas características de aproveitar oportunidades e, embora saibam que correm riscos, também sabem que existe o risco que você não pode jamais correr, e existe o risco que você não pode deixar de correr. Mais arriscado que mudar é continuar a fazer a mesma coisa. Cada decisão é arriscada: ela é um comprometimento de recursos presentes com um futuro incerto e desconhecido. Para ter um negócio de sucesso, alguém, algum dia, teve que tomar uma atitude de coragem.

Quando Steve Jobs e Bill Gates largaram a universidade para empreender tiveram essa coragem. Quando Jeff Bezos deixou o mercado financeiro percebeu a grande oportunidade do nascimento da internet, da mesma forma que Luiza Trajano anteviu a mudança do varejo para o comércio eletrônico.

O Barão de Mauá aproveitou a oportunidade da relação que já tinha com os ingleses para se tornar sócio em empreendimentos inovadores para o mercado brasileiro. Coco Chanel percebeu o novo papel da mulher na sociedade e criou uma moda para ela. Walt Disney usou o talento artístico natural como um impulso para sair da pobreza e inovou, criando um mundo de fantasias.

Ortega também tirou o seu impulso da luta contra a pobreza da infância. Reed Hastings percebeu a oportunidade que a Blockbuster não enxergou, na mudança tecnológica do DVD para o streaming, assim como Elon Musk detetou a mudança para os carros elétricos na esteira do grande debate das mudanças climáticas.

Henry Ford viu a oportunidade de inovação no processo de produção de automóveis cujo custo poderia ser, substancialmente, reduzido. O espírito empreendedor e inovador de Albert Einstein se revela na persistência de uma vida à procura de uma teoria do campo unificado, que levou a um novo entendimento do universo.

Porém, esses empreendedores inovadores, tirando o nosso cientista-mor, também são ou foram gestores de gente e administradores de empresas de sucesso. Muitos conseguiram aquilo que eu já escrevi sobre a capacidade de um bom chefe em fazer com que homens comuns façam coisas incomuns e trabalhem com objetividade, sabendo que não há nada tão inútil quanto fazer com grande eficiência algo que não deveria ser feito. Muitos deles inovaram também nesses aspectos de contratação, treinamento e gerenciamento de pessoas, nos quais eu sempre procurei passar ideias que trouxessem a eficácia de fazer a coisa certa e não a eficiência de fazer certo as coisas. E todos eles sabem que a única fonte de lucro é o cliente.

Eles trabalham com metas e valorizam o planejamento de longo prazo, sabendo que não estarão lidando com decisões futuras, mas com o futuro das decisões presentes. Sabem também que devem se preocupar com a cultura que come a estratégia no café da manhã. A tarefa mais importante e difícil nunca é encontrar as respostas corretas, é encontrar a pergunta correta. Pois há poucas coisas tão inúteis — se não perigosas — quanto a resposta correta para uma pergunta errada.

Todos os entrevistados carregam experiências que merecem ser estudadas e aprendidas por quem pretende liberar seu espírito inovador e empreendedor. Esse livro é uma ótima oportunidade para aprender o que eles pensam ou pensaram. Boa leitura e prestem bastante atenção, porque o mais importante na comunicação é ouvir o que não foi dito.

Ass.: Peter Drucker (diretamente do além, sem a máquina do tempo).

CAPÍTULO 1

Steve Jobs
Apple

"Inovação distingue o líder de um seguidor."

Quem foi Steve Jobs

Steven Paul Jobs nasceu em São Francisco, Califórnia, em 24 de fevereiro de 1955, e morreu no dia 5 de outubro de 2011, aos 56 anos de idade, devido a um câncer pancreático. Ele foi um grande empreendedor e criador da Apple, a empresa com o maior valor de mercado em 2020. Notabilizou-se como cofundador, presidente e diretor executivo da Apple e revolucionou seis indústrias: computadores pessoais, filmes de animação, música, telefones, *tablets* e publicações digitais. Steve foi adotado por Paul Jobs, mecânico e membro da Guarda Costeira, e pela contadora Carla Jobs. A família morava em Mountain View, na Califórnia, dentro da área que mais tarde se tornaria conhecida como Vale do Silício. Ainda pequeno, viu seu pai montar e desmontar aparelhos eletrônicos na garagem da família.

Steve Jobs trabalhou como *designer* de videogames na Atari, mas não terminou a universidade, saindo para criar a Apple. Além de sua ligação com a Apple, foi diretor executivo da empresa de animação por computação gráfica Pixar e acionista individual máximo da The Walt Disney Company.

Sua vida pessoal, da infância até a juventude, foi conturbada. Aos 17 anos saiu de casa para morar em uma cabana com a namorada. Ingressou na universidade, mas estudou formalmente por apenas seis meses. Frequentou mais 18 meses apenas como observador. Aos 20 anos fez jornada espiritual na Índia. Casou-se com Laurene, teve três filhos e tem também uma filha com uma antiga namorada.

O que é a Apple

A Apple é uma empresa multinacional norte-americana que tem o objetivo de projetar e comercializar produtos eletrônicos de consumo, *software* de computador e computadores pessoais. Os produtos de *hardware* mais conhecidos da empresa incluem a linha de computadores Macintosh, iPod, iPhone, iPad, Apple TV e o Apple Watch. Os softwares incluem o sistema operacional macOS, o navegador de mídia iTunes e o iOS, um sistema operacional móvel, além de inúmeros outros produtos.

Fundada em 1 de abril de 1976 por Steve Jobs, Steve Wozniak e Ronald Wayne, que logo se desligou da empresa, em 2020 a Apple tinha cerca de 510 lojas e 147 mil empregados. Durante 14 anos, foi a empresa mais admirada do mundo e, em 2020, também foi considerada a empresa mais valiosa do planeta, com valor de mercado de 2,6 trilhões de dólares.

A chegada

No filme *De volta para o futuro* 2, de 1985, os protagonistas viajaram no tempo até 2015 e lá tiveram que adaptar o seu carro, ou melhor, a máquina do tempo, para voar, pois, na época, todos os carros voavam. Infelizmente, essa não foi uma boa previsão e certamente ainda vai demorar a acontecer. Se Steve Jobs fosse vivo, talvez acontecesse mais rápido, pela sua capacidade de inovação empreendedora.

A nossa modesta máquina do tempo nos levou ao ano de 2010, para uma entrevista com Jobs. A passagem virtual sobre o Vale do Silício foi rápida. Sobrevoamos, inclusive, a Universidade de Stanford, origem primeira daquele magnífico parque tecnológico, sede das icônicas HP, Intel, Google e tantos outros.

O Vale do Silício é um apelido para uma região que está localizada na Baía de São Francisco, Califórnia, na costa oeste dos Estados Unidos. A palavra silício tem origem nas empresas de pesquisa e fabricação de circuitos integrados. Atualmente o Vale se estendeu para muitas cidades como Palo Alto, São Francisco, Santa Clara e São José. Empresas de alta tecnologia como Apple, Facebook, Pixar, Netflix e outras centenas também estão ali localizadas. Esta é a região que possui a maior taxa de milionários e bilionários per capita dos EUA.

A conversa

Bem magro, de jeans e com a infalível camiseta preta, ele nos recebeu meio impaciente, certamente nos analisando para classificar como geniais ou idiotas, pois esta era a avaliação binária que sempre fazia das pessoas. Apesar de doente, ainda mantinha firme o seu famoso olhar hipnotizador que convencia sua equipe a fazer coisas consideradas impossíveis. Não perdemos tempo e, para aproveitar ao máximo, começamos perguntando sobre sua vida pessoal.

— Steve, você foi adotado e sempre teve uma grande ligação com seu pai adotivo. Quais foram as lições que você aprendeu com ele e usou na Apple?

— Ele era muito habilidoso e gostava de marcenaria, mas queria sempre acabamentos perfeitos, mesmo nas partes internas dos armários que ninguém iria ver. Eu levei isso para os produtos da Apple. Você pode abrir qualquer produto da Apple e olhar por dentro o seu acabamento.

— Você disse que queria fazer coisas insanamente grandiosas, deixar uma marca no universo, mas sempre demonstrou não ligar muito para dinheiro. É isso mesmo?

— Realmente, nunca me preocupei com dinheiro. Fui criado em uma família de classe média, então nunca achei que ia passar fome. No meu primeiro emprego na Atari, eu vi que poderia ser um engenheiro razoável e conseguiria me virar na vida, aí me despreocupei. Fui voluntariamente pobre quando estava na faculdade e quando passei um tempo na Índia. Sempre levei uma vida bem simples, mesmo quando estava trabalhando. Então passei de bem pobre, quando não ligava para dinheiro e não tinha que me preocupar com dinheiro, para muito rico, quando também não tive que me preocupar com dinheiro. Mas ser o mais rico do cemitério não é o que mais importa para mim. O mais importante é ir para a cama à noite e saber que fiz alguma coisa grande durante aquele dia.

— Você e Wozniack criaram e desenvolveram a Apple. Qual era a atividade de cada um?

— Woz era o engenheiro e criava os produtos. Eu ia atrás dos investidores e da parte comercial, mas também exigia muito do *design*. Woz dizia que toda vez que ele projetava algo grande, eu encontrava uma maneira de nós ganharmos dinheiro. Eu sempre quis produtos bonitos e funcionais. A simplicidade é a máxima sofisticação, já dizia Leonardo da Vinci, e assim está escrito em nosso primeiro folheto.

Evandro então disse: — Eu estive na casa de Leonardo da Vinci em Amboise, na França, onde várias das suas criações futuristas estão expostas. Sem dúvida, ele era um gênio na tecnologia e na arte.

— Eu gosto disso, disse Jobs. Quero sempre o cruzamento da tecnologia e da arte. Então, ele se levanta e nos chama para mostrar algo.

— Vejam aqui todos os produtos que fizemos. O Apple I, ainda na garagem lá de casa, foi a primeira aranha. Depois o Apple II, nosso primeiro sucesso. O Lisa, sem muito sucesso, mas revolucionário. Aqui introduzimos a *interface* gráfica, a tela colorida, os ícones, as janelas e o *mouse*. Mas ficou caro e não teve muito sucesso. O Macintosh, em 1984, foi o que promoveu uma revolução, levando todas essas novidades para o grande público.

Evandro, rindo, falou: — Eu trabalhei com um Apple II ainda na década de 1970, tentando entender como usar esse novo microcomputador dentro de uma grande empresa de informática onde eu atuava. Simulei um formulário de imposto de renda com uma planilha Visicalc, a primeira planilha do mercado. Você criou a era dos microcomputadores, o mundo reconhece.

— Steve, dizem que todas essas novidades do Macintosh você viu originalmente em um centro de tecnologia da Xerox. O ataque da Apple à Xerox é descrito, às vezes, como um dos maiores assaltos da história da indústria. Você copiou mesmo?

— Eu me inspirei. Eu vi que ali estava o futuro que eles não estavam aproveitando comercialmente. Nós colocamos no Macintosh mais do que eles fizeram. Eles estavam com a cabeça em copiadoras e não tinham a mínima ideia sobre o que um computador poderia fazer. O comercial de lançamento do Macintosh foi considerado o melhor comercial de todos os tempos, divulgado no Super Bowl, em 1984. Ficou realmente espetacular, baseado na ideia do livro *1984*, de George Orwell. Picasso tinha um ditado que dizia: "Artistas bons copiam, grandes artistas roubam". E nós nunca sentimos vergonha de roubar grandes ideias.

— Você deu o nome da sua filha Lisa para o projeto precursor do MacIntosh, mas dizem que o seu relacionamento com ela não era tão próximo.

— Verdade! Ela nasceu de um relacionamento com uma namorada e eu realmente não dei a atenção que um pai deveria dar. Depois, me arrependi. Mas, vamos tratar de outros assuntos.

— Steve, você é um fã ardoroso do Bob Dylan. Nós estamos vindo do futuro, embora não possamos contar coisas de lá por motivos éticos. Porém, vamos dar só uma notícia boa: Bob Dylan ganhou o Prêmio Nobel de Literatura em 2016.

— Maravilha! Fiquei feliz com esta notícia, pois ele merece. Fez grandes músicas e grandes letras. As palavras de Dylan pareciam acordes do pensamento criativo. Eu sempre ouvi muita música, mas gostava de ler coisas além de ciência e tecnologia, como Shakespeare e Platão. Adorei o Rei Lear. Entre minhas obras favoritas estão Moby Dick e os poemas de Dylan Thomas. Vou, porém, fazer uma confidência: eu trocaria toda a minha tecnologia por uma tarde com Sócrates. Mas, parabéns para o Bob, ele merece.

— Por que o nome Apple?

— Eu tenho muitas manias. Na época, eu estava fazendo uma dieta baseada em frutas in natura e livres de qualquer cozimento. Achei que o nome Apple (maçã) era divertido, simples e não tinha o peso de ter computador no nome. Além disso, apareceria antes de Atari na lista telefônica, disse rindo.

— Steve, você sempre foi considerado um empreendedor, inovador, que sempre amou trabalhar. O que é o trabalho para você?

— O trabalho ocupa uma grande parte da nossa vida e a única maneira de ficar completamente satisfeito é fazer o que você acredita ser um bom trabalho. A única forma de se conseguir isso é amar aquilo que você faz. Se você ainda não descobriu o que é, continue procurando. Não se acomode. Da mesma forma que acontece com as coisas do coração, você vai saber quando encontrar. Para se ter sucesso, é necessário amar de verdade o que se faz. Caso contrário, levando em conta apenas o lado racional, você simplesmente desiste. É o que acontece com a maioria das pessoas.

— Você fala muito em foco e simplicidade. Poderia nos explicar um pouco mais?

— Esse tem sido um dos meus mantras — foco e simplicidade. Fazer simples pode ser mais difícil do que fazer algo complexo, portanto, você tem que trabalhar duro para clarear seu pensamento a fim de torná-lo simples. Quanto ao foco, as pessoas acham que foco significa dizer sim para a coisa na qual você está concentrado. Penso que significa dizer não para centenas de outras boas ideias que existem. Você precisa escolher, com cuidado, onde vai se concentrar.

— E essa sua obsessão pelo *design*?

— Para mim, não há nada mais importante no futuro que o *design*. É a alma de tudo o que é criado pelo homem. *Design* não é apenas o que parece e o que se sente. *Design* é como funciona. Eu senti que as pessoas não sabem o que querem, até mostrarmos a elas, porque não entendem do que a tecnologia é capaz. Mas gostam de coisas bonitas e bem acabadas, também. Você não pode simplesmente perguntar aos consumidores o que eles querem e daí tentar dar isso a eles.

— Steve, você chegou a ser demitido da Apple. As pessoas dizem que não aguentaram você se metendo em tudo e até reclamaram de grosserias. Como foi isso?

— Aconteceu, o que eu podia fazer? Ser demitido da Apple acabou sendo a melhor coisa que poderia ter acontecido comigo. O peso de ser bem-sucedido foi substituído pela leveza de ser um iniciante novamente. Isso me libertou para entrar em um dos mais criativos períodos da minha vida. Fiz coisas muito interessantes neste período com a Pixar, em desenhos animados.

Evandro, sem esconder seu entusiasmo, completou: — Eu levei minha filha para ver *Ratatouille* da Pixar. É espetacular. Nós adoramos!

— Realmente, foi uma época de alta criatividade. Depois eu a vendi para a Disney. Mas voltei para salvar a Apple com iPod, iTunes, iPhone e iPad. Espero que lá no futuro, de vocês, a Apple esteja bem.

— Você nem imagina como! Dissemos os dois juntos, rindo.

— Em 2005 você fez um discurso aos formandos da Universidade de Stanford em que fala sobre a sua vida, sua opção por não cursar uma faculdade e no qual dá alguns conselhos aos estudantes. Esse discurso ficou famoso e repercute até a nossa época, sendo republicado e lembrado. Qual foi o seu recado?

— Foram três recados: o primeiro é que você não percebe exatamente o que está acontecendo. Os pontos só se conectam em retrospecto. Por isso, é preciso confiar no fato de que estarão conectados, no futuro. É preciso confiar em algo — seu instinto, o destino, o karma. Não importa. Essa abordagem jamais me decepcionou, e mudou minha vida.

Steve levantou-se e continuou: O segundo recado foi sobre amor e perda. Eu disse a eles que quando a vida jogasse pedras, não se deixassem abalar. Estou certo de que meu amor pelo que fazia é que me manteve ativo. É preciso encontrar aquilo que eles amam — e isso se aplica tanto ao trabalho quanto à vida afetiva. O trabalho terá parte importante na vida, e a única maneira de sentir satisfação completa é amar o que se faz. Caso ainda não tivessem encontrado, continuassem procurando, não se acomodassem. Como é comum nos assuntos do coração, quando encontrassem, eles saberiam. Tudo melhora com o tempo. O terceiro recado foi uma mensagem que li certa vez. Permaneçam famintos. Permaneçam tolos. Foi o que eu sempre desejei para mim mesmo. E é o que desejei a eles em sua formatura e em seu novo começo.

Quando íamos agradecer e nos despedir, Steve Jobs, que já sabia que tinha pouco tempo de vida, nos falou: "— Lembrar que você vai morrer é a melhor maneira para evitar a armadilha de pensar que você tem algo a perder. Essa é a ferramenta mais importante que encontrei para me ajudar a tomar grandes decisões. Seu tempo é limitado, então não gaste vivendo a vida de outra pessoa. Não fique preso aos dogmas, que é viver com os resultados da vida de outras pessoas. Não deixe que a opinião das pessoas cale a sua própria voz interior. Se hoje fosse o último dia da minha vida, eu desejaria fazer o que estou prestes a fazer hoje? E se a resposta for "Não" por muitos dias seguidos, eu sei que preciso mudar alguma coisa.

Fomos embora com um aperto no coração, sabendo que brevemente o mundo iria perder um gênio.

Dicas de Steve Jobs

1. Às vezes, quando você inova, comete erros. É melhor admiti-los rapidamente e seguir em frente, para melhorar suas outras inovações.
2. Não venda lixo. Desenvolva e venda somente produtos de alta qualidade. Assim, você não terá apenas clientes fiéis, mas fãs que estarão dispostos a comprar cada novo produto lançado.
3. Seja um parâmetro de qualidade. Algumas pessoas não estão acostumadas a um ambiente onde a excelência é esperada.
4. Metade do que separa os empreendedores bem-sucedidos dos não bem-sucedidos é pura perseverança.
5. Às vezes, a vida vai acertar um tijolo na sua cabeça. Não perca a fé. Eu estou convencido de que a única coisa que me fez seguir em frente era que eu amava o que fazia.
6. Não fique se lastimando sobre o que devia ter sido feito e não fez. Invente o amanhã em vez de ficar preocupado com o que aconteceu ontem.
7. Se você ficar de olho apenas no lucro, você vai economizar no produto. Mas se você se concentrar em fazer produtos realmente bons, então o lucro virá a seguir.
8. Decidir o que não fazer é tão importante quanto decidir o que fazer. Isso é verdadeiro para empresas e também para produtos.
9. Amplie seus horizontes para que possa desenvolver sua criatividade. Viva outras experiências para enriquecer sua mente e alma.
10. Ouça a si mesmo. Tenha a coragem de ouvir seu coração e a sua intuição. A intuição é uma coisa muito poderosa,

mais potente do que o intelecto. Isso teve uma grande influência sobre o meu trabalho.

11. Não descanse sobre os louros. Continue concorrendo consigo mesmo, desenvolvendo e lançando produtos e serviços ainda melhores.
12. Se você quiser vender uma ideia, produto ou serviço, ponha-se no lugar da outra pessoa. É necessário conhecer as pessoas e entender o que elas querem.
13. Tenha em mente que você não pode fazer tudo sozinho. Delegue, faça parcerias, ouça pessoas mais bem-sucedidas, seja um leitor voraz.

CAPÍTULO 2

Coco Chanel
Chanel

"Para ser insubstituível, você precisa ser sempre diferente."

Quem foi Coco Chanel

Coco Chanel, ou melhor, Gabrielle Bonheur Chanel, nasceu em 19 de agosto de 1883 em Saumur, uma pequena vila francesa, distante cerca de 300 km de Paris, a capital francesa. Era a segunda filha de uma lavadeira, mãe solteira e o seu pai um vendedor de rua, tipo caixeiro viajante, que comercializava roupas pelas diferentes cidades da França. No ano seguinte, seus pais se casaram, regularizando a situação matrimonial, que na época era considerada um escândalo.

Quando tinha 12 anos, sua mãe morreu de tuberculose e seu pai colocou as filhas em um internato católico. Aos 18 anos, deixou o orfanato e foi morar em uma pensão mantida por religiosas católicas, onde se aperfeiçoou como costureira. Ao reencontrar uma tia, as duas decidiram ir trabalhar em um ateliê de costura. Em paralelo, Gabrielle se apresentava como cantora em um café-concerto, onde recebeu o apelido de "Coco", passando a ser conhecida como "Coco Chanel".

Apesar de ter vivido muitos romances, decidiu não se casar e não teve filhos. Sempre colocou sua carreira como prioridade. Com a idade avançada, passou a residir em hotéis, onde não se sentia sozinha, sempre tendo pessoas para conversar. Morreu de infarto em 10 de janeiro de 1971, aos 87 anos, no Hotel Ritz, em Paris. Coco Chanel foi a única estilista presente na lista das pessoas mais influentes do século XX da revista *Time*.

O que é a Chanel S.A

A Chanel S.A é uma empresa privada francesa, fundada em 1909 por Coco Chanel e que pertence a Alain e Gerard Wertheimer, netos de Pierre Wertheimer, que foi seu primeiro parceiro nos negócios. É uma empresa especializada em alta costura, *prêt-à-porter*, bens de luxo e acessórios de moda. Em 2017, a Chanel foi avaliada em US$ 13,4 bilhões, e é considerada a 5ª marca mais valiosa da França.

Coco Chanel dirigiu a empresa de 1909 a 1939, quando decidiu se aposentar, devido à Segunda Guerra Mundial. Após ser acusada de ter colaborado com o nazismo, foi presa. Ao ser solta, por falta de provas, decidiu morar na Suíça. O seu sócio Pierre Wertheimer, que havia fugido com sua família para os Estados Unidos, retorna à França e assume os negócios. Coco retorna a França em 1953 e, com Pierre, reergue a marca. Em 1965, o herdeiro de Pierre assumiu a presidência da empresa. Após a morte de Coco Chanel em 1971, a família Wertheimer comprou toda a empresa. Karl Lagerfeld tornou-se responsável pela diretoria de criação da marca em 1983, com o objetivo de rejuvenescer as criações de Coco Chanel.

A chegada

Mais uma vez iríamos utilizar a "Máquina do Tempo". Agora o nosso destino era Paris, ano de 1970. Antes de chegarmos ao Hotel Ritz, localizado na Place Vendôme, nº 15, no coração da "cidade das luzes", fizemos o nosso tradicional *tour* virtual pela capital da França. Aproveitamos para vivenciar uma etapa importante da história da aviação e simulamos o voo de Santos Dumont com um dirigível realizado por ele em volta da Torre Eiffel em 1901. Ele venceu o prêmio concedido a quem conseguisse efetuar um percurso até a Torre Eiffel, contornando o monumento parisiense e voltando ao ponto de origem, o Parque de Saint-Cloud, no oeste de Paris, em menos de 30 minutos. Com este desempenho, o aviador brasileiro conseguiu provar a dirigibilidade dos balões.

A população de Paris chegou ao pico em 1921, quando atingiu 2,9 milhões de pessoas, sendo que um século depois, em 2021, tinha reduzido para algo em torno de 2,2 milhões de habitantes. Na década de 70, período em que chegamos à cidade, Paris vista de cima ampliava ainda mais os seus encantos. Ela também é conhecida como a "capital internacional da moda", sede das principais marcas como Dior, Yves Saint Laurent, Givenchy e muitas outras.

O Hotel Ritz, fica perto do Museu do Louvre e do alto era possível ver pontos turísticos como a Notre Dame, o Arco do Triunfo, a Torre Eiffel e a Avenida Champs-Elysées. Ao lado do Hotel estava a Rue Cambon, onde no nº 31 começou o império Chanel.

A conversa

Chegamos ao Hotel Ritz, onde Coco Chanel já nos esperava. Apesar da sua idade avançada, ela se vestia de forma elegante, com seus modelos práticos e confortáveis, mas ainda percebemos claramente o seu dinamismo e veia empreendedora. Ela fez comentários sobre as nossas roupas modernas, mas como explicamos que estávamos retornando do futuro, cerca de meio século à frente, sorriu e disse que moda é quebrar hábitos conservadores.

— Chanel, podemos dizer que você revolucionou a moda e o estilo de se vestir no mundo?

— Realmente, eu inovei, quebrei paradigmas e procurei criar um estilo para o mundo inteiro. O meu objetivo era libertar a mulher dos trajes desconfortáveis e rígidos do final do século 19. Eu desenvolvi um conceito de moda que fosse compatível com a minha própria imagem, ou seja, uma nova mulher, independente e bem-sucedida. Além disso, criei modelos simples ao alcance de uma mulher com bom gosto e poucos recursos. Esses modelos foram muito imitados e copiados. Também introduzi as falsas jóias no mundo da moda, as bijuterias. Eu sempre gostei de usar muitos acessórios, como colares de correntes ou pérolas.

— Quando você descobriu o seu talento para a moda?

— Minha mãe morreu quando eu tinha 12 anos e meu pai deixou minhas irmãs e eu em um orfanato. Nunca mais o vi. Quando fiz 18 anos, precisei sair de lá. Fui trabalhar em uma loja de *lingerie*. Enquanto isso, para aumentar o orçamento, fazia reformas em roupas femininas. Também costurava roupas para mim que agradavam às mulheres de maior poder aquisitivo. Em 1909, aos 26 anos, montei minha primeira loja em Paris, onde vendia chapéus para mulheres. Foi um sucesso! Comecei então a me dedicar à costura, com modelos simples e práticos, talvez devido a minha origem humilde. Durante a primeira Guerra Mundial, devido à falta de matéria-prima, passei a usar materiais mais acessíveis e também encurtei os vestidos, tornando as saias mais justas. Vocês não sabem o que é sobreviver numa guerra, chefiar 300 funcionários, abrir novas lojas e ainda manter o seu negócio lucrativo, disse orgulhosa.

— Chanel, você foi uma empreendedora considerada bastante inovadora no início do século XX e não tinha receio de transgredir as regras. Cite algo que você se orgulhe bastante.

— No mundo da moda é preciso ter conceito, ser autossuficiente e não ter medo de receber críticas por estar lançando algo muito diferente. Lembro-me que, em 1926, eu dei uma entrevista para a revista norte-americana *Vogue* onde apresentei o "pretinho básico", com caimento no joelho, todo na cor negra. A minha confiança neste produto fez com que a Vogue anunciasse que esse seria o vestido que as mulheres do mundo iriam usar. Eu choquei a sociedade conservadora da época, pois estava quebrando tabus; afinal, as mulheres usavam roupas até o tornozelo e o preto era utilizado pelas serviçais. Em pouco tempo, as mulheres elegantes de várias partes do mundo estavam usando o "pretinho básico", que se tornou um clássico da moda e até hoje faz sucesso.

— Chanel, além da primeira Guerra Mundial, qual foi a outra grande crise econômica que você enfrentou?

— A crise da Bolsa de Wall Street, em 1929, mudou o estilo de vida das pessoas, pois na década anterior se gastava muito. Com a queda da bolsa, o desemprego cresceu e as empresas precisaram se reinventar. O cinema em Hollywood estava se tornando popular em todo o mundo. Foi quando percebi uma oportunidade, que era desenhar os figurinos das estrelas americanas. No filme E o *Vento Levou*, a atriz Vivien Leigh fez um vestido a partir de cortinas de veludo, por não poder pagar novos tecidos. Naquela época, o Estúdio MGM me pediu ajuda para superar a crise, pois eles queriam transformar os atores hollywoodianos em ícones *fashion*. Lembro-me que, quando fui conversar com Greta Garbo, as manchetes dos jornais eram " Encontro de Rainhas". Essa experiência com Hollywood me ajudou posteriormente na interação com o cinema francês.

— O seu nome é Gabrielle Bonheur Chanel, mas todos a conhecem como Coco Chanel. Como surgiu este apelido?

— Quando eu comecei a trabalhar com moda, durante a noite eu também cantava no Café La Rotonde. Existiam duas músicas que eu cantava sempre. Uma era a que tinha o refrão "Qui qu'a vu Coco" (Quem foi que viu Coco) e a outra, o refrão ko-ko-ki-ko. A partir daí, os rapazes do 10º Regimento de Cavalaria, que eram frequentadores assíduos, passaram a me chamar de Coco. Assim, Gabrielle virou Coco Chanel.

— E a história do perfume Chanel nº 5?

— Em 1923, na comemoração dos meus 40 anos, o Ernest Beaux, químico responsável pela fragrância, usou mais de 80 substâncias para chegar até o que eu queria. Das oito amostras apresentadas, a quinta foi escolhida, dando o nome ao perfume. Além disso, sempre considerei o 5 como o meu número da sorte. Em 1955, a atriz Marilyn Monroe contou que dormia apenas com três gotinhas do Chanel nº 5. O sucesso aumentou. Esse perfume é, até hoje, o mais vendido do mundo. Ah, vou registrar uma coisa. Eu fui a primeira estilista do mundo a lançar o seu próprio perfume. E tem mais: um componente do Chanel nº 5 vem do Brasil, pois é extraído de uma espécie da flora amazônica, o pau-rosa.

— Coco, sabemos que este assunto a entristece, porém gostaríamos de saber a sua versão sobre o que aconteceu na Segunda Guerra Mundial.

— Quando começou a Segunda Guerra Mundial em 1939 eu resolvi fechar minha empresa e quatro mil funcionários perderam seus empregos. Como sempre fiz, vim morar aqui no Hotel Ritz, sendo que depois os militares alemães de alta patente resolveram fazer, aqui, o seu quartel-general. Durante esse período, eu realmente tive um romance com o Barão Hans Gunther, ligado ao serviço de inteligência alemã. Quando acabou a guerra, os franceses me acusaram de ter colaborado com os nazistas e me prenderam. Por não terem provas, foram obrigados a me soltar. Aí, fiquei triste e aborrecida e preferi sair da França, indo morar na Suíça.

— Como foi a sua briga com seu sócio e parceiro de negócio Pierre Wertheimer?

— Durante a guerra, o nosso perfume vendia muito e não concordei com o que eu recebia. Além disso, antes de fugir para os Estados Unidos, Pierre passou suas ações para outra pessoa. Tivemos então uma briga jurídica, mas depois chegamos a um acordo amigável. Ele me pagou um altíssimo valor, que me transformou numa das mulheres mais ricas da Europa. Fiquei com 2% do faturamento do perfume Chanel nº 5 e, em contrapartida, transferi para ele 100% do negócio Chanel Moda. Ah, existiu também uma cláusula por meio da qual ele pagaria todas as minhas despesas até a minha morte. Então, retornei para Paris em 1954 e reabri meu estúdio. No meu primeiro desfile os franceses me criticaram muito devido ao episódio da guerra, mas a imprensa mundial elogiou muito. Estrelas internacionais como Brigitte Bardot, Grace Kelly, Romy Schneider, Elizabeth Taylor e outras passaram a usar meus modelos. Assim, a marca retornou de maneira triunfal. Aos 70 anos, eu estava dando a volta por cima.

— Coco, as mulheres usam a marca Chanel para se sentirem elegantes. O que é elegância para você?

— Eu falo muito sobre isso, mas nem todos me entendem. Acho que as mulheres normalmente estão sempre muito bem vestidas, mas nunca elegantes o suficiente. A elegância é algo mais amplo, é quando o interior é tão bonito quanto o exterior. A elegância é eterna e atemporal. Quando eu vejo o estilo Chanel nas ruas eu me sinto satisfeita, pois o meu objetivo foi sempre criar um estilo ligado às emoções.

— Coco, você na prática desafiou a sociedade francesa na época, com suas atitudes inovadoras, talvez até mesmo revolucionárias. Você não teve medo?

— Eu quis descomplicar a moda e fazer com que as mulheres também fossem mais valorizadas. Eu lutei para que as mulheres pudessem trabalhar e votar, para que usassem calças compridas e roupas esportivas sem se sentirem discriminadas, pudessem se bronzear, não precisassem usar espartilhos que machucassem suas cinturas e sim roupas mais folgadas e confortáveis. Também fiz com que os vestidos ficassem mais curtos e usei tecidos que só eram usados na moda masculina. Passei a usar cabelos bem curtos, mostrando a nuca. Uma ousadia para a sociedade. A minha infância e juventude foram com muitas privações, e estas dificuldades só me deram forças para inovar e, até mesmo, ousar. Eu sempre quis fazer coisas diferentes. No orfanato, aprendi a costurar e dar importância à simplicidade. Dei ar de modernidade às minhas criações, sem perder a praticidade e elegância.

Ao nos despedirmos, Coco, curiosa, nos disse: "vocês estão vindo de meio século à frente, mas espero que o meu vestido 'pretinho básico' e o meu perfume Chanel nº 5 continuem sendo sucesso entre as mulheres elegantes, que desejam conforto e liberdade".

— Não tenha dúvida disso. São eternos — disse Lucas, e saímos a pé para caminhar um pouco antes de embarcar na nossa máquina do tempo, afinal, Paris é uma festa para os olhos, mesmo em uma viagem de imaginação.

Dicas de Coco Chanel

1. A força se consegue com fracassos, e não com sucessos.
2. Não importa o lugar de onde você vem. O que importa é o que você é.
3. Não basta ter dinheiro, é necessário educação. Não adianta ter roupa, é preciso ter classe.
4. Elegância é quando o interior é tão bonito quanto o exterior.
5. O luxo tem que ser confortável, ou não é luxo.
6. Sou contra a moda que não dure. É o meu lado masculino. Não consigo imaginar que se jogue uma roupa fora só porque é primavera.
7. Para ser insubstituível, deve-se sempre ser diferente.
8. A mulher tem que saber a hora exata de sair de cena, mesmo que essa hora seja muito dolorosa.
9. As melhores coisas da vida são de graça. A segunda melhor coisa é muito, muito cara.
10. Não há tempo para a monotonia do previsível. Há tempo para o trabalho e tempo para o amor. Isso nos toma todo o tempo.
11. Menos é mais.
12. Não perca tempo batendo na parede com a esperança de transformá-la em uma porta.
13. O maior elogio que um homem pode fazer a uma mulher é a volúpia.
14. Inovação? Não se pode inovar para sempre. Eu quero criar clássicos.
15. A moda não é algo que existe apenas nos vestidos. A moda está no céu, na rua, a moda tem a ver com as ideias, com a maneira como vivemos, com o que está acontecendo.

CAPÍTULO 3

Henry Ford
Ford

"Se tivesse feito o que os meus clientes pediam, teria construído uma carruagem com mais cavalos ao invés de um veículo."

Quem foi Henry Ford

Henry Ford nasceu em 30 de julho de 1863 em uma fazenda, perto da cidade de Detroit, no estado de Michigan — EUA. Morreu aos 83 anos, no dia 7 de abril de 1947. Foi o primeiro filho de uma família de cinco irmãos. O seu pai, William Ford, era irlandês e sua mãe, Mary Litogot Ford, era filha de imigrantes belgas. Ainda criança, interessou-se por máquinas e equipamentos o que estimulou a sua trajetória profissional e empresarial.

Apesar de na infância ter estudado apenas até a quinta série, tinha um forte conhecimento de engenharia de equipamentos. Formou-se mais tarde em engenharia e administração. Era um grande inventor e registrou 161 patentes nos Estados Unidos. Tinha foco em reduzir custos e aumentar produtividade. Sua maneira de administrar ficou conhecida como "fordismo".

Casou-se com Clara Jane Bryant e teve um único filho, Edsel Ford. Quando era o único dono da Ford, tornou-se um dos homens mais ricos e conhecidos do mundo. Era tido como um pacifista e criticava aqueles que financiaram a 1ª Guerra Mundial. Suas ideias e filosofia de trabalho modificaram o pensamento da época. Parte de sua fortuna foi deixada para instituições de caridade e é administrada pela Fundação Ford que investe na pesquisa científica educacional.

O que é a Ford Motor Company

A Ford Motor Company, ou simplesmente Ford, é uma fabricante de automóveis sediada em Detroit, estado de Michigan, nos Estados Unidos. Foi fundada por Henry Ford em 1903. Atualmente produz e comercializa automóveis, caminhões e utilitários da marca Ford, Lincoln, Troller e FPV. Tem participações na Mazda do Japão, na Aston Martin do Reino Unido e na Jiangling da China. Tem *joint-ventures* na China, Taiwan, Tailândia, Turquia e Rússia.

A Ford está na Bolsa de Valores de Nova York e é controlada pela família Ford, que embora minoritária, tem a maioria do poder de voto. Já foi proprietária e vendeu a Jaguar, Land Rover e a Volvo. No início do século XXI, chegou perto de decretar falência, mas voltou a ter rentabilidade. É a segunda maior fabricante de automóveis nos Estados Unidos, atrás da General Motors. É uma das principais indústrias automotivas do mundo e continua sendo destaque na Revista *Fortune* com relação às suas receitas globais.

A Ford do Brasil iniciou seus investimentos em 1919, tendo sido a primeira produtora de automóveis a se instalar no país. Em janeiro de 2021 decidiu fechar suas plantas no Brasil, ficando somente com um Campo de Provas em São Paulo. Até 1960, os tratores vendidos no país eram importados e a Ford lançou o primeiro trator agrícola produzido no país, nas cores verde e amarela, uma homenagem às cores da bandeira brasileira.

A chegada

Programamos a nossa máquina do tempo para o ano de 1946 e o nosso destino era a localidade de Dearborn, Condado de Wayne, um subúrbio da cidade de Detroit, no estado de Michigan. A Detroit dos anos 40 tinha quase 2 milhões de habitantes, sendo que agora, em 2021, são apenas 600 mil. A sua economia depende diretamente da indústria automobilística, sendo sede mundial da Ford Motor Company, General Motors e Chrysler, as chamadas “Big Three”.

Nesta época em que chegamos, década de 40 do século XX, a cidade era a capital mundial do automóvel, sendo a mais promissora dos Estados Unidos e uma das mais ricas do mundo. Foi a cidade que despertou a paixão dos norte-americanos pelo automóvel.

A Segunda Guerra Mundial havia se encerrado no ano anterior e a cidade foi considerada a que deu maior contribuição em materiais bélicos como tanques, veículos terrestres e até mesmo aviões bombardeiros, construídos nas indústrias de automóveis. Detroit ficou conhecida mundialmente como o “Arsenal da Democracia”. E a Ford participou ativamente dessa iniciativa.

A conversa

A secretária nos chamou para entrar na sala de Henry Ford, o empreendedor que começou do zero e construiu o maior complexo industrial do mundo. Ele, aos 82 anos, elegante e bem vestido, nos recebeu com simpatia e não questionou nossas roupas mais modernas. Depois de apresentar várias fotografias da evolução dos seus veículos, começamos a conversar.

— Ford, como surgiu o seu interesse por automóveis?

— Eu nasci no meio rural, meus pais eram fazendeiros e eu era o filho mais velho. Desde criança eu observava o funcionamento mecânico das máquinas e equipamentos. Como eu gostava muito e tinha habilidade, ainda menino passei a ser o responsável pelos reparos das máquinas da fazenda. Como a vida no campo era difícil, eu sempre pensava em substituir o serviço pesado feito à mão por máquinas. Aos doze anos, interessei-me por motor a vapor e isso me estimulou a estudar os carros automotores. Aos quinze anos eu era conhecido como reparador de relógios pelos amigos e vizinhos. Aos 16 anos, como minha mãe havia morrido, o meu pai queria que eu ficasse para tomar conta da fazenda. Porém, eu não aceitei e mudei-me para Detroit para ser aprendiz de operador de máquinas. Mais tarde, até falei para o meu pai que eu não tinha amor pela fazenda; o que eu amava, mesmo, na fazenda, era a minha mãe.

— Ford, alguns dizem que você é o "pai do automóvel moderno". Você se considera assim?

— Não! Talvez eu possa ser o pai da produção em massa dos automóveis, pois em 1908 criei a linha de montagem, onde várias etapas de fabricação eram distribuídas ao longo de uma esteira rolante e assim, cada trabalhador ficava responsável por acoplar uma determinada peça. O que eu queria era evitar perda de tempo, hesitações ou mesmo não qualidade. Muitas pessoas contribuíram para a criação do automóvel desde 1769 até 1886, quando o alemão Karl Benz conseguiu a patente. Porém produção em série foi a nossa empresa e, entre 1908 e 1927 vendemos 15 milhões de unidades do Ford T., entre 1908 e 1927. Até o nosso lançamento, os veículos eram fabricados de maneira quase artesanal, com baixa produtividade e alto custo.

— Ford, você disse uma frase que ficou famosa: "O cliente pode ter o carro da cor que quiser, contanto que seja preta". Por que isso?

— Tem um pouco de folclore e um pouco de verdade, disse ele rindo. Nos primeiros cinco anos, nós tínhamos várias cores como verde, vermelho, amarelo, azul, marrom, bege, cinza e claro, a cor preta. Em 1909, em uma reunião, eu falei que no futuro iríamos produzir apenas um modelo, que seria o modelo T, e disse que o cliente poderia comprar qualquer cor que quisesse, desde que fosse preta. O pessoal de vendas, com toda razão, não concordou. Porém, começamos a vender muito, não tínhamos carro para entregar e, às vezes, a tinta mal tinha tempo para secar. Aí decidimos fazer apenas na cor preta cujo processo era mais rápido, mais barato, acabamento durável e alto brilho. De 1914 a 1925 oferecemos apenas a cor preta. Porém, a partir de 1926, por necessidade do mercado, voltamos a produzir em várias cores, inclusive preta.

— Ford, você inovou na gestão e remuneração de seus trabalhadores. O que foi feito e quais foram os resultados?

— Eu parto do princípio que você deve sempre contratar os melhores e esforçar-se para mantê-los na empresa a fim de que treinem os demais. Na época, as empresas pagavam o salário mínimo, que era 2,30 dólares por dia, e eu decidi remunerar 5 dólares por dia, mais que o dobro. Além disso, reduzi a jornada diária de trabalho de nove para oito horas. Também comecei a repartir parte do controle acionário da empresa com os funcionários. A minha obsessão em construir um veículo de baixo custo e com preço de venda popular e acessível, baseava-se na ideia de permitir que os meus trabalhadores pudessem comprar o carro que eles produziam. Também fiz algo inusitado para o mercado, na época, concedendo 18 dias de folga para férias e doenças. Ah, anos depois reduzi a semana de trabalho de 6 para 5 dias. Confesso que não gostava e, no início, nem permitia o Sindicato dos Trabalhadores em minha empresa, porém eu sempre concedi muito mais que o Sindicato solicitava das outras empresas. Quanto aos resultados, o Ford T foi lançado com o preço de US$ 825 e por conta das inovações, fomos reduzindo e chegou a US$ 260. Além do mais, chegamos a empregar 200 mil pessoas. Com o passar do tempo e por ser um processo de esforços repetitivos, tivemos problemas com alguns trabalhadores.

— Você revolucionou a gestão dos negócios industriais nesta primeira metade do século XX. As escolas de administração chamam suas técnicas de "Fordismo". O que é, na prática, o "Fordismo"?

— Eu escrevi dois livros cujos títulos são *Minha Filosofia de Indústria* e *Minha Vida e Minha Obra*. Neles eu compartilho minhas experiências de gestão que, na época, foram consideradas atitudes inovadoras, tanto na relação com os funcionários quando no método industrial, que fabricava automóveis de forma mais rápida e com menor custo. Um outro aspecto era o conceito de escala, pois produzir grandes quantidades melhora a produtividade e reduz o custo fixo. Além das inovações tecnológicas, usamos também técnicas de logística e distribuição, criando um negócio de franquias que colocou uma concessionária em cada cidade da América do Norte e nas grandes metrópoles de todos os continentes. No fundo, eu desenvolvi a mecanização e a comercialização em larga escala. Assim, conseguimos atingir dois objetivos: levar o prazer do automóvel ao maior número possível de pessoas e oferecer mais vagas de empregos bem remunerados aos meus funcionários.

— E o projeto Fordlândia no Brasil, em plena Amazônia? Por que não foi bem-sucedido?

— A nossa empresa sempre teve controle dos nossos insumos e o látex, usado para confecção de pneus, válvulas, mangueiras e juntas, era muito importante. Em 1927, fizemos uma parceria com o governo brasileiro e adquirimos uma grande área no Pará para implantar um polo de látex. Construímos duas cidades, rodovias, portos, estações de água, hospitais e duas mil casas, além de todas as unidades industriais. Plantamos mais de 5 milhões de seringueiras. Porém, cometemos equívocos na gestão e operação, além dos empregados brasileiros não terem se adaptado a algumas regras norte-americanas como crachás, horários, sirenes, relógios de ponto e orientações de comportamento pessoal. Insistimos por cerca de 18 anos, mas o surgimento de novas tecnologias para fabricar pneus por meio de de derivados de petróleo, mostraram a inviabilidade do projeto. Em 1945 fizemos um acordo com o governo, que ficou com todos os nossos investimentos. Amargamos um grande prejuízo! Vou confidenciar uma coisa a vocês; eu nunca tive a oportunidade de ir lá.

— Ford, você já teve insucessos. O que você fez para superar as dificuldades?

— Eu não tenho vergonha das minhas falhas e fracassos. Para mim, o aprendizado é muito maior com o fracasso do que com o sucesso. Também considero que, se algo parece impossível, é porque não encontrei, ainda, a solução. Eu sou uma pessoa entusiasmada para atingir minhas metas. Penso que o entusiasmo é o brilho nos olhos, o balanço na maneira como você anda, é a irresistível onda de vontade e energia para executar suas ideias. Quando sou malsucedido, lembro que tenho que recomeçar de forma mais inteligente. Eu não fico me queixando, eu procuro soluções. O grande erro é quando erramos e não aprendemos nada.

— Você chegou a ser piloto de corridas?

— Sim, disse ele levantando-se e mostrando uma foto na parede. A minha primeira empresa, a Detroit Automobile Company, só durou um ano e fechou. Após abrir a segunda empresa, a Henry Ford Company, com alguns investidores, eu precisava divulgar nossos veículos e resolvi fazer um carro de corrida para competir. Assim, acreditava que estava divulgando o nosso negócio. Os acionistas não entendiam dessa forma e desejavam que eu me dedicasse apenas à gestão do negócio e parasse de correr. Então, a minha segunda empresa também não deu certo, mas eu continuei correndo nas pistas e por meio dessa publicidade consegui atrair novos parceiros. Com o apoio de alguns investidores, iniciei então a Ford Motor Company, que existe até hoje.

— Ford, sua empresa, nesta primeira metade do século XX, é considerada a maior fabricante e vendedora de automóveis no mundo. O que você fez para conseguir tantos clientes?

— É um conjunto de fatores. Iniciamos com foco na produção de veículos de alta qualidade, fáceis de guiar, baixo custo e precisando de pouca manutenção. A marca Ford é reconhecida e admirada por todos aqueles que desejam ter e dirigir um veículo. Afinal, nossa empresa foi a que permitiu que um operário pudesse ter o seu carro. Também promovemos melhorias e inovações nos novos modelos, além de termos criado o financiamento de veículos para facilitar a compra. Eu sempre digo para minha equipe que não é o empregador quem paga os salários, mas o cliente. Quando o mercado mostrou que o cliente comprador queria carros diferentes, mais atrativos, nós tivemos que mudar e atender os seus desejos. Quem me alertou bastante sobre isso foi meu filho Edsel, que por ser um *designer*, sempre se preocupou com a aparência dos veículos.

— Ford, você já tem 82 anos de idade e continua trabalhando. Quando vai parar?

— Eu já diminuí o ritmo, mas parar totalmente, só quando morrer. Em 1919, meu filho Edsel e eu, compramos a participação dos acionistas minoritários e assim, aos 56 anos passei a presidência executiva para ele, que só tinha 26 anos. Porém, eu continuei opinando em quase tudo. Meu filho Edsel morreu em 1943, prematuramente, de câncer e aos 80 anos, precisei reassumir a presidência. No ano passado, em setembro de 1945, passei novamente a presidência para o meu neto Henry Ford II, de 28 anos. Agora, eu tenho mais tempo para pensar. Eu sempre digo que um negócio por meio do qual você só ganha dinheiro, não é um bom negócio. Considero-me um idealista, ou seja, eu gosto de ajudar as pessoas a prosperarem e terem lucro.

Henry Ford então nos perguntou: — Como são os automóveis do futuro de onde vocês vem?

— A novidade agora é fazer automóveis que não precisam de motorista, controlados por minúsculos computadores, disse Evandro.

— Nem consigo imaginar como é possível uma coisa dessas, mas gostaria de viver para ver isso. Criei muita coisa nova e acredito no que vocês dizem.

Henry Ford informou que tinha um compromisso muito importante que era brincar com os netos, e por isso, pediu desculpas e terminou a conversa. Ao levantar-se, mostrou uma fotografia do seu primeiro grande sucesso comercial e disse, com orgulho:

— Esse é o Ford modelo T! Vendemos 15 milhões de unidades. Quase todos na cor preta!

Dicas de Henry Ford

1. O insucesso é apenas uma oportunidade para recomeçar de novo, com mais inteligência.
2. Pensar é o trabalho mais difícil que existe. Talvez por isso tão poucos se dedicam a ele.
3. Não encontre defeitos, encontre soluções. Qualquer um sabe queixar-se.
4. Sei que metade da publicidade que faço é inútil, mas não sei qual é a metade inútil.
5. Se o dinheiro for a sua esperança de independência, você jamais terá. A única segurança verdadeira consiste numa reserva de sabedoria, experiência e competência.
6. Um idealista é uma pessoa que ajuda outras pessoas a serem prósperas.
7. Corte sua própria lenha. Assim, ela aquecerá você duas vezes.
8. Obstáculos são aquelas coisas assustadoras que você vê quando desvia os olhos de sua meta.
9. Se você acha que pode ou acha que não pode, em ambos os casos você tem razão.
10. Há dois tipos de pessoas que não interessam a uma boa empresa: as que não fazem o que se manda e as que só fazem o que se manda.
11. Qualquer um que parar de aprender é velho, seja aos 20 ou aos 80 anos. Qualquer pessoa que mantém a aprendizagem continua jovem. A coisa mais importante da vida é manter sua mente jovem.
12. Meu melhor amigo é aquele que traz à tona o melhor de mim.

13. Nada é particularmente difícil se você dividir em pequenas tarefas.
14. Você não pode construir sua reputação em cima do que ainda vai fazer.
15. Qualidade significa fazer o certo quando ninguém está olhando.
16. Um negócio por meio do qual apenas se ganha dinheiro é um negócio ruim.
17. Tudo vem, para quem corre, enquanto espera.
18. O segredo para uma vida bem-sucedida é encontrar nosso propósito e, em seguida, fazê-lo.
19. Não há homem vivo que não possa fazer mais do que pensa que pode fazer.
20. Se você fizer o que sempre fez, sempre receberá o que sempre recebeu.

CAPÍTULO 4

Albert Einstein
Cientista e físico

"O impossível existe até que alguém duvide dele e prove o contrário."

Quem foi Albert Einstein

Albert Einstein nasceu em Ulm, na Alemanha, em 14 de março de 1879 e faleceu em Princeton, Estados Unidos, em 18 de abril de 1955. Foi um físico teórico alemão que desenvolveu a Teoria da Relatividade Geral, um dos pilares da física moderna ao lado da mecânica quântica. Embora mais conhecido por sua fórmula de equivalência massa-energia, $E = mc^2$ — que foi chamada de "a equação mais famosa do mundo" —, foi laureado com o Prêmio Nobel de Física de 1921 "por suas contribuições à física teórica" e, especialmente, por sua descoberta da lei do efeito fotoelétrico, que foi fundamental no estabelecimento da teoria quântica.

Einstein teve dois casamentos. O primeiro foi em 1903 com Mileva Maric, de nacionalidade sérvia, que era sua colega de classe nas aulas de matemática e física. Tiveram três filhos. O segundo foi com sua prima, Elsa Lowental, em 1919.

Nascido em uma família de judeus alemães, mudou-se para a Suíça ainda jovem e iniciou seus estudos na Escola Politécnica de Zurique. Após dois anos procurando emprego, obteve um cargo no escritório de patentes suíço enquanto ingressava no curso de doutorado da Universidade de Zurique. Em 1905 publicou uma série de artigos acadêmicos revolucionários. Uma de suas obras era o desenvolvimento da Teoria da Relatividade Especial. Percebeu, no entanto, que o princípio da relatividade também poderia ser estendido para campos gravitacionais, e com a sua posterior teoria da gravitação, de 1916, publicou um artigo sobre a Teoria da Relatividade Geral.

Enquanto acumulava cargos em universidades e instituições, continuou a lidar com problemas da mecânica estatística e teoria quântica, o que levou às suas explicações sobre a teoria das partículas e o movimento browniano. Também investigou as propriedades térmicas da luz, o que lançou as bases da teoria dos fótons. Em 1917, aplicou a Teoria da Relatividade Geral para modelar a estrutura do universo como um todo. Suas obras renderam-lhe o *status* de celebridade mundial enquanto tornava-se uma nova figura na história da humanidade, recebendo prêmios internacionais e sendo convidado de chefes de estado e autoridades. A Revista *Time* o classificou como a pessoa do século XX e a comunidade científica internacional o elegeu o mais memorável físico de todos os tempos.

Após sua morte, durante a autópsia, o seu cérebro foi removido para preservação e análise. Estudos científicos indicaram que as regiões responsáveis pela fala e linguagem eram menores e aquelas envolvidas com processamento numérico e espacial eram maiores. Assim, sua anatomia cerebral mostrou porque Einstein pensava daquela forma, visualmente e não verbalmente.

O que ele fez

Ele formulou uma revolucionária teoria quântica da luz, ajudou a provar a existência do átomo e das moléculas, explicou o movimento browniano, derrubou o conceito de espaço e tempo e produziu o que se tornaria a equação mais conhecida da ciência, $E=mc^2$. Entre os muitos problemas difíceis que abundam na física moderna, dificilmente resta algum para o qual Einstein não tenha dado uma contribuição considerável. As digitais dele estão espalhadas pelas tecnologias atuais. Células fotoelétricas e *lasers*, energia nuclear e fibras óticas, viagens espaciais e até semicondutores derivam de suas teorias.

Atualmente, muitos dos equipamentos que existem em nossas residências ou mesmo no ambiente de trabalho, que facilitam nossas vidas, somente se tornaram viáveis em virtude das descobertas de Einstein: forno micro-ondas, vídeogame, tela de cristal líquido, *scanner*, impressora, GPS e muitos outros.

A chegada

Nada mais instigante do que chegar para entrevistar Albert Einstein viajando em uma máquina do tempo. Logo ele, que havia demolido a física do conceituado matemático e astrônomo Sir Isaac Newton, onde o espaço e o tempo tinham existência absoluta no universo, o que permitiu a nossa viagem. Ele compreendia o impacto histórico do anúncio de que as leis de Sir Isaac Newton já não governavam plenamente todos os aspectos do universo. "Newton, perdoe-me", ele escreveu, na época, para registrar o momento em que isso foi comprovado.

Programamos a máquina do tempo para 1954. A Universidade de Princeton, em Nova Jersey, nos Estados Unidos, onde ele trabalhava e o encontramos, está classificada como a melhor em muitas áreas, incluindo matemática, física, astronomia, economia, história e filosofia. Seu lema é "educar para que seus alunos sirvam à nação". Foi fundada como College of New Jersey ("Colégio de Nova Jersey") em 1746, tendo depois mudado a denominação. Princeton é uma pequena cidade com pouco menos de 30 mil habitantes e equidistante de Nova York e Filadélfia, na costa leste.

A conversa

Chegamos à sua sala na universidade de Princeton e fomos logo perguntando se ele achava que quando retornássemos estaríamos mais velhos ou mais novos do que as pessoas que havíamos deixado. Ele nem respondeu o nosso questionamento, talvez não tenha mesmo acreditado que vínhamos de outra época futura. Então fomos direto para as perguntas.

— Quando você descobriu suas habilidades e interesse pela física?

— Minha mãe disse-me que eu só comecei a falar perto dos quatro anos de idade e tive muitas dificuldades na alfabetização, principalmente leitura e escrita. Ao invés de brincar com outras crianças, eu preferia ficar sozinho construindo complicadas estruturas com cubos de madeira ou mesmo fazer castelos enormes com cartas de baralho. Aos cinco anos, ganhei uma bússola que despertou muito o meu interesse pela ciência. O meu tio Jakob me dava aulas de geometria e eu tinha muita facilidade. Aos sete anos, demonstrei para ele o Teorema de Pitágoras. Realmente era grande a minha intuição, habilidade lógica e facilidade para matemática e ciências naturais. Porém, tinha muitas dificuldades para geografia, história e línguas. Meus pais achavam que podia ser algum tipo de dislexia. Acabei tornando-me um físico, disse sorrindo.

— Como é sua forma de pensar? Como você cria suas teorias?

— Eu prefiro pensar em imagens, com experimentos mentais. Tento me imaginar observando relâmpagos num trem em movimento ou experimentando a sensação da gravidade num elevador durante a descida.

— Isso lembra o experimento de Galileu na Torre de Pisa ou a maçã caindo na cabeça de Newton, embora esse seja ficção, diz Evandro, querendo parecer inteligente.

— Pois é, eu raramente penso usando palavras. Um pensamento surge, e talvez eu tente exprimi-lo em palavras depois.

— A prova da Teoria da Relatividade foi feita no Brasil, especificamente em Sobral, no Ceará. Como foi essa história?

— Eu percebi que a luz é onda e matéria, o que era uma novidade na época, mas era muito difícil de se comprovar. A maneira de provar que eu sugeri seria durante um eclipse do sol, quando poderíamos perceber se um feixe de luz vindo de uma estrela teria sua trajetória ligeiramente alterada pela força da gravidade do sol, como eu previa. Precisávamos de um eclipse então. Tentamos na Crimeia, em 1914, mas a primeira guerra impediu. Vinte dias depois do eclipse, a Europa mergulhou na guerra e a Alemanha declarou guerra à Rússia. A equipe alemã foi capturada pelo exército russo e tiveram os equipamentos confiscados. O próximo eclipse aconteceria em 1919 e seria mais visível numa faixa que atravessava o Atlântico perto do equador, da costa do Brasil à África Equatorial . Conseguimos organizar uma equipe para cada lugar. A equipe que foi para o nordeste do Brasil foi mais feliz e a prova foi feita ali, durante o eclipse.

— Você depois esteve no Brasil. Como foi essa viagem?

— Foi em 1925, e fiquei cerca de uma semana no Rio de Janeiro. Encontrei uma deliciosa mistura étnica nas ruas com portugueses, negros e índios. Visitei muitos lugares, como o Museu Nacional, Instituto Oswaldo Cruz, Floresta da Tijuca, Pão de Açúcar, Corcovado e o Observatório Nacional. Estive também no Jardim Botânico e no meu diário escrevi que ele superava o sonho das mil e uma noites. Fiz também várias palestras, sendo que em algumas o público era de autoridades, militares, senhoras e até crianças. Como me comuniquei em francês e ainda expliquei fórmulas matemáticas, tenho dúvidas se me entenderam bem. No final, eu disse que o problema que minha mente formulou foi respondido pelo luminoso céu do Brasil, no Ceará. Quando deixei o Rio, ainda no navio, escrevi uma carta ao Comitê Nobel, sugerindo o nome do Marechal Cândido Rondon para o Prêmio Nobel da Paz. Fiquei impressionado com as suas atividades na integração das tribos indígenas e o homem civilizado, sem o uso de armas ou qualquer outro tipo de coerção.

— Você teve alguma participação no projeto Manhattan, que criou a bomba atômica lançada em Hiroshima e Nagasaki?

— Na época, físicos amigos me procuraram com a preocupação de que os alemães poderiam tentar comprar urânio do Congo e que talvez estivessem tentando desenvolver uma bomba que liberasse a energia do átomo com enorme poder de destruição. Eles achavam que deveríamos avisar o governo dos Estados Unidos e eu, como uma pessoa mais conhecida, teria credibilidade para levar esse recado. Conseguimos fazer chegar uma carta ao Presidente Roosevelt com essa advertência, embora eu não quisesse participar diretamente, pois eu não era ainda cidadão americano e também porque o FBI não queria que eu me envolvesse. Mas, se eu soubesse naquele momento que os alemães não tinham a bomba, eu não teria feito o aviso. Creio que cometi um grande erro na minha vida recomendando a construção da bomba atômica, mas naquela época havia uma justificativa, pois existia o perigo dos alemães construírem. Não sei como será travada a Terceira Guerra Mundial, mas posso dizer o que os homens vão usar na quarta guerra: paus e pedras.

— Mas afinal, você se considerava alemão ou judeu?

— É possível ser as duas coisas. O nacionalismo é uma doença infantil, o sarampo da humanidade. Mas, vejam vocês: em 1933, eu já estava nos Estados Unidos, onde fiquei até hoje. O governo alemão, com Hitler, aprovou uma lei declarando que os judeus não poderiam exercer nenhum cargo oficial, nem mesmo na academia ou nas universidades. Entre os obrigados a fugir, havia catorze prêmios Nobel e 26 dos 60 professores de física teórica do país que ajudaram a garantir que os aliados, e não os nazistas, fossem os primeiros a fabricar a bomba atômica. Mas a visão antissemita não acontecia só na Europa. Uma pesquisa feita aqui em Princeton, com os calouros, em 1938, apontou Hitler em primeiro lugar entre "os grandes homens vivos". Eu fiquei em segundo.

— Você tem uma longa relação com a ciência e com universidades. O que você considera que a escola deveria enfatizar no aprendizado?

— Eu penso que no ensino de história deve haver um debate profundo sobre as personalidades que influenciaram a humanidade por meio de sua independência de caráter e julgamento. Por isso, entendo que comentários críticos de estudantes devem ser recebidos amigavelmente. A acumulação de material não deve sufocar a independência do estudante. O valor da educação universitária não está em aprender muitos fatos ou decorar fórmulas, mas em treinar a mente para pensar. A vantagem competitiva de uma sociedade não virá da eficiência com que a escola ensina multiplicação e tabela periódica, mas do modo como estimula a imaginação e a criatividade. A imaginação é mais importante que o conhecimento.

— Você montou uma confraria com amigos, a Academia Olímpia. Pouca gente conhece a pessoa Einstein. Todos conhecem o cientista. Qual era a ideia da confraria?

— Nós líamos os grandes pensadores e discutíamos suas ideias. Debatemos a peça de Sófocles sobre o desafio da autoridade, Antígona ou Dom Quixote de Cervantes, mas gostávamos mesmo de ler livros que exploravam a interseção entre ciência e filosofia, como o *Tratado da Natureza Humana*, de David Hume; *Ética* de Spinoza ou *Ciência e Hipótese de Poincaré*. Eu usei isso para desenvolver a minha própria filosofia da ciência.

— Você toca violino. Qual a importância da música no seu trabalho e na sua vida?

— A música, para mim, não é somente uma diversão. Ela me ajuda a pensar. Eu gosto de tocar violino, às vezes até tarde da noite, improvisando melodias enquanto penso em problemas complicados. Aí a solução aparece enquanto eu toco. Particularmente, gosto imensamente de tocar Mozart. A música dele é tão pura e linda que eu a vejo como reflexo da beleza interna do próprio universo. Assim como na matemática e na física, como toda beleza extrema, a música de Mozart é pura simplicidade. Penso que a natureza pode ser vista como uma estrutura matemática relativamente simples. Beethoven criava sua música, mas a música de Mozart é tão pura que parece estar presente no universo desde sempre.

— Quando você quis se separar de Maric, sua primeira esposa, ela inicialmente não aceitava a ideia. Como conseguiu convencê-la?

— Foi difícil, mas eu já estava vivendo, na prática, em outro casamento. Acabei fazendo uma proposta inédita, mas que cumpri à risca. Isso era 1918 e a Teoria da Relatividade Geral ainda não estava comprovada, mas eu sabia que mais cedo ou tarde ganharia o Prêmio Nobel. Fiz então a proposta que ela finalmente aceitou: o Prêmio Nobel que eu ganhasse seria cedido a ela em sua totalidade. Eu ganhei em 1921 e cedi um valor que correspondia a 37 vezes o que ela recebia por ano. Mas foi justo. Ela me ajudou com os cálculos, a revisão e o suporte doméstico para o trabalho.

— Você acabou virando uma celebridade mesmo com descobertas que pouca gente é capaz de entender como, por exemplo, afirmar que o universo é fechado e finito, mas não tem fim nem fronteiras. E não tem fronteiras porque a gravidade faz com que o espaço se curve, unindo-se a si mesmo. O físico Max Born afirmou até que essa sua sugestão de um espaço finito mas ilimitado é uma das maiores ideias sobre a natureza do mundo já concebidas.

— Pois é! Fizeram até com que eu desfilasse em carro aberto em Nova York com a multidão aplaudindo. Conheci Charles Chaplin que me convidou para a estreia de *Luzes da Cidade*. Lá ele me disse uma verdade: "eles me aplaudem porque me entendem, e o aplaudem porque ninguém o entende".

— Einstein, qual é o seu conceito de Deus ou mesmo de espiritualidade?

— Eu sempre disse que a ciência sem religião é manca, e a religião sem ciência é cega. Meus avós e meu pai eram judeus, mas eu não fui criado seguindo as tradições judaicas. Estudei em um colégio católico com aulas de religião. Um parente também contribuiu, despertando em mim um sentimento religioso, assim como a música. Penso que a religião e a ciência são complementares. Algumas pessoas acham que sou ateu, mas acredito no Deus de Spinoza, que se revela na harmonia ordeira daquilo que existe. Eu preferi ensinar aos meus filhos valores éticos que cerimônias religiosas ou ritos formais. Creio que o Divino se revela no mundo físico. Se os fiéis das religiões atuais tentassem agir seguindo o espírito dos fundadores dessas religiões, não existiria nenhuma hostilidade de base religiosa entre os seguidores dos diversos credos.

— Existe uma foto sua que ficou imortalizada, na qual você aparece com os seus tradicionais cabelos despenteados e a língua para fora. Quando foi feita aquela foto?

— Essa foto foi feita em 1951, na celebração do meu aniversário de 72 anos, quando eu estava saindo do Princeton Club, um espaço social da universidade. Já havia feito várias fotos para os repórteres e, no finalzinho, o Arthur Sasse, fotógrafo da Agência United Press International, pediu que eu sorrisse. Como estava bem-humorado, abri bastante os meus olhos e coloquei a língua para fora. Os editores da Agência até pensaram em não publicar, com receio de me constranger, mas acabaram publicando. Eu gostei muito, cortei meus acompanhantes e fiz várias cópias para os meus amigos com o meu autógrafo, disse ele, dando uma gargalhada e imitando a foto.

Antes de ir embora pensamos em pedir uma *selfie* com ele mostrando a língua como naquela foto famosa, mas ninguém iria acreditar. Como diriam que era montagem, desistimos da ideia. Ele nos levou até a saída do prédio, em Princeton, e fomos até nossa máquina do tempo, que só poderia existir graças às ideias dele e suas descobertas.

Dicas de Albert Einstein

1. Não há maior sinal de loucura do que fazer uma coisa repetidamente e esperar, a cada vez, um resultado diferente.
2. O valor da educação universitária não está em aprender muitos fatos, mas em treinar a mente para pensar.
3. A burocracia envolve o cérebro com as mãos de uma múmia.
4. É importante estimular a individualidade, pois somente o indivíduo pode produzir ideias novas.
5. Triste época! É mais fácil desintegrar um átomo do que um preconceito.
6. Duas coisas são infinitas: o universo e a estupidez humana. Mas, em relação ao universo, ainda não tenho certeza absoluta.
7. A fé leviana na autoridade é o pior inimigo da verdade.
8. A imaginação é mais importante que o conhecimento. O conhecimento é limitado. A imaginação abrange o mundo inteiro.
9. Repetindo o dito de Schopenhauer: "Um homem pode fazer o que deseja, mas não pode mandar nos seus desejos".
10. Sem liberdade não haveria Shakespeare nem Goethe, não haveria Newton nem Faraday, não haveria Pasteur nem Lister. A liberdade é o alicerce da criatividade.
11. Tudo aqui nos Estados Unidos - até mesmo a loucura - é produzido em massa. Mas tudo sai da moda muito depressa.

12. Penso noventa e nove vezes e nada descubro. Deixo de pensar, mergulho em profundo silêncio e a verdade se revela para mim.
13. Quem nunca errou, nunca experimentou nada novo.
14. Se, a princípio, a ideia não é absurda , então não há esperança para ela.
15. O primeiro dever da inteligência é desconfiar dela mesma.
16. A percepção do desconhecido é a mais fascinante das experiências. O homem que não tem os olhos abertos para o misterioso, passará pela vida sem ver nada.
17. Há duas formas para viver sua vida. Uma é acreditar que não existe milagre. A outra é acreditar que todas as coisas são um milagre.
18. A felicidade não se resume na ausência de problemas, mas sim na sua capacidade de lidar com eles.
19. Não se deve ir atrás de objetivos fáceis, é preciso buscar o que só pode ser alcançado por meio dos maiores esforços.
20. O mais importante é não parar de questionar. A curiosidade tem sua própria razão de existir.

CAPÍTULO 5

Walt Disney
Disney

"Eu gosto do impossível porque
lá a concorrência é menor."

Quem foi Walt Disney

Walter Elias Disney nasceu em 05 de dezembro de 1901, em Chicago, sendo o quarto filho de cinco irmãos. Morreu em Los Angeles, em 15 de dezembro de 1966, em decorrência de um câncer de pulmão. Foi produtor cinematográfico, cineasta, diretor, roteirista, dublador, animador, empreendedor e cofundador da The Walt Disney Company. Sua infância foi difícil, devido aos castigos do pai, que era muito severo. Além da escola tradicional, estudava arte, pois desde criança mostrou-se muito talentoso e gostava de desenhos.

Antes de ter a sua própria empresa, trabalhou em vários locais, mas seus ex-patrões o demitiram porque o achavam pouco criativo ou mesmo preguiçoso. Teve alguns insucessos empresariais, porém logo se recuperava. É o maior recordista de Prêmios Oscar com 59 indicações, tendo recebido 22 estatuetas e mais quatro Oscars honorários. Alguns de seus principais personagens foram Mickey, Pato Donald, Minnie, Pateta e Pluto. Ele transformou a indústria de entretenimento com suas ideias inovadoras e suas visões criativas.

Inaugurou a Disneylândia, em Los Angeles, em 1955. No entanto, faleceu em 1966 e não conseguiu ver inaugurado, em 1971, o seu Complexo em Orlando, a Disney World, com suas atrações Epcot Center, Magic Kingdom, Hollywood Studios, Disney Animal Kingdom e os parques aquáticos.

Ele foi casado com Lillian Bounds e teve duas filhas, Diane Marie e Sharon Mae. Estas, com a ajuda do seu irmão Roy, assumiram os negócios depois de sua morte. Walt Disney é considerado uma lenda mundial e suas realizações influenciaram o imaginário de várias gerações.

O que é a Walt Disney Company

A Disney, como é conhecida, é uma companhia multinacional sediada na Califórnia e considerada o maior conglomerado de mídia e entretenimento do planeta por receita. Foi fundada em 1923 por Walt Disney e seu irmão, Roy Oliver Disney. A empresa é proprietária do Walt Disney Studios, opera a rede de televisão ABC, redes de televisão por assinatura como a Disney Channel, ESPN, A & E Networks e outros. Também possui e licencia 14 parques temáticos ao redor do mundo, tendo feito aquisições como a ABC, Pixar, Marvel Entertainment, Lucasfilm e 21st Century Fox.

Atualmente, a Disney nomeou Bob Chapek como CEO. O seu capital acionário está dividido em Fundos Mútuos, Fundos de Pensão e Fundos de Investimentos. Em 2020, o seu valor de mercado estava estimado em US$ 186 bilhões.

A chegada

Nosso teletransporte e a máquina do tempo foram utilizados de forma quase simultânea e funcionaram muito bem. Deu tudo certo! Antes de nos dirigirmos para Califórnia, no ano de 1965, onde iríamos conversar com Walt Disney, fizemos um *tour* virtual sobre o atual Complexo Disney World em Orlando, estado da Flórida, onde Evandro e Lucas registraram bons momentos quando estiveram várias vezes com suas famílias e filhos no local. Infelizmente, devido à pandemia do Covid-19, os parques estavam fechados. Mesmo assim, sobrevoamos o Magic Kingdom, com o Castelo da Cinderela e suas incríveis montanhas-russas, bem como o Epcot Center, com as atrações que sempre encantam adultos e crianças. O empreendimento Hollywood Studios também não mostrava os shows impecáveis que contam a história do teatro e do cinema. Os demais parques como o Animal Kingdom, o Blizzard Beach e o Typhoon Lagoon, igualmente não tinham público.

Decidimos sair do teletransporte do ano de 2021 e programamos a máquina do tempo para 1965, em Los Angeles. Sobrevoamos o Disneyland Park em Anaheim, localizado na Grande Los Angeles, que estava em pleno funcionamento, pois sua inauguração tinha ocorrido em 17 de julho de 1955. Apesar de ser bem menor que as instalações de Orlando, muitos a consideram mais charmosa.

A conversa

Chegamos ao Escritório de Walt Disney, que nos recebeu e quis saber detalhes como dois brasileiros estavam vindo do futuro conversar com ele. Evandro e eu respondemos, quase ao mesmo tempo: "Aprendemos com você que, se podemos sonhar, podemos fazer. O Professor Pardal é um bom inspirador. Até hoje, quando queremos nos referir a alguém criativo, usamos o seu nome". Todos nós rimos e a conversa começou de maneira bem descontraída.

— Disney, como foi sua infância e quando você descobriu o seu talento?

— Eu comecei a desenhar aos quatro anos em folhas de embrulho e até mesmo papel higiênico. Com essa idade, eu já desenhava cavalos para um vizinho, que me dava uns trocados. Meu pai nunca entendeu o meu lado artístico, era muito duro comigo e achava que eu seria a "ovelha negra" da família. Quem me apoiava e protegia era o meu irmão mais velho, Roy. Quando papai montou uma distribuidora de jornal, com nove anos de idade eu distribuía os exemplares de porta em porta durante a madrugada, antes da escola. Também entregava as manteigas que minha mãe fazia. Um dia, parei para assistir a um filme no cinema da cidade, uma versão muda do filme *Branca de Neve*. Fiquei tão entretido, pois foi a primeira vez que entrei em um cinema, que perdi a hora, a manteiga estragou e tomei uma surra do meu pai no meio da rua. Mas, valeu a pena, pois anos depois este filme ajudou a mudar minha vida. Também já fiz um pouco de tudo, pois trabalhei em várias outras profissões, como vigia noturno, desenhista de *cartoons*, entregador dos Correios, fotógrafo.

— Disney, você tem um grande número de profissionais que atuam nos seus negócios e eles são referências em atendimento. Como vocês conseguiram isso?

— Você pode sonhar, projetar, criar e construir o lugar mais maravilhoso do mundo, mas sempre precisará de pessoas para tornar o sonho uma realidade. É importante que todo negócio tenha um bom propósito e seja comunicado para a equipe de forma adequada, se possível contando histórias. É fundamental que seus funcionários acreditem nos seus sonhos. Vou compartilhar como surgiu a minha primeira longa metragem de animação, que foi o primeiro filme do mundo neste segmento. Minha esposa e meu irmão não queriam, pois os custos eram altos, mas eu resisti às críticas e precisava do apoio da equipe. Reuni todos em uma sala, contei a história detalhe por detalhe, interpretei cada personagem, com suas vozes e trejeitos. Eles acreditaram e realizaram. Foi um sucesso! Sabe qual foi o filme? *Branca de Neve*, aquele que me fez tomar uma surra do papai.

— Disney, como você lidou e ainda lida com os obstáculos que surgem na sua vida?

— Eu penso que a diferença entre ganhar e perder é muitas vezes não desistir. E quando você acredita em uma coisa, precisa acreditar até ao fim, de maneira inquestionável. Os nossos sonhos existem para se tornarem realidade e por isso, em tempos ruins e bons, eu nunca perdi meu senso de entusiasmo pela vida. O meu lema é: Quer realizar algo? Pare de falar e comece a fazer. Eu já tive vários fracassos em minha vida, mas nunca desisti e sempre recomecei. Talvez vocês não saibam, mas eu já passei fome e não tive onde dormir. Todas as adversidades que tive na vida me fortaleceram. Um tombo pode ser a melhor coisa do mundo para você. Sonhos não se realizam sem existirem fracassos.

— O símbolo da Disney é o Mickey Mouse. Como você criou esse personagem?

— Essa é mais uma bela história que mostra que não podemos desistir quando enfrentamos problemas. No início da nossa empresa criamos um personagem, o "Coelho Oswald", que fez grande sucesso. Fizemos uma parceria com os Estúdios Universal em 26 filmes de curta metragem, mas a nossa sociedade não durou muito. Tivemos divergências e os direitos de propriedade, bem como a equipe de criação ficaram com a Universal. Senti-me traído, pois não havia atentado para este detalhe do contrato. Era praticamente nossa falência. Eu não podia ficar reclamando. Foi aí que precisei agir rapidamente e criamos o nosso rato Michael Theodore Mouse, cujo apelido ficou Mickey, nome dado pela minha mulher. Seu lançamento foi em 1928. As primeiras dublagens do Mickey e da própria Minnie fui eu que fiz. Alguns anos atrás, com nossa empresa já consolidada, eu falei uma frase para a equipe que ficou famosa: "Só erpero que nunca percamos de vista que tudo começou com um rato", concluiu, sorrindo.

— Por que um rato?

— Na viagem de trem de Nova York para Califórnia, eu estava triste devido às perdas do meu personagem para a Universal, mas sabia que precisava encontrar uma solução. Lembrei-me de um ratinho que tinha no meu escritório. Foi aí que comecei a desenhar um rato. Estes rascunhos nos salvaram, pois depois tentamos vaca, cachorro, gato e não gostamos. Ficou o rato. E o nosso diferencial foi fazer o Mickey falar. Foi o primeiro desenho animado com som. A Universal quis ser nossa parceira, mas não aceitei. Quando eu tenho um fracasso, não fico culpando ninguém e passo a trabalhar ainda mais para recuperar.

— Disney, agora tem uma pergunta que irá satisfazer a curiosidade de muitos brasileiros. Como você criou o personagem Zé Carioca?

— Aqui nos Estados Unidos o nome do personagem é José Carioca ou Joe Carioca. Ele foi criado em 1941, quando estive visitando o Brasil com minha equipe, tendo sido desenvolvido no Rio de Janeiro, no Hotel Copacabana Palace. Após conhecer várias pessoas e lugares, eu quis retratar um tipo malandro carioca, que sempre escapava dos problemas com o tradicional "jeitinho brasileiro". Ele foi lançado para participar de um filme, no qual Zé Carioca guiava o Pato Donald no Brasil, inclusive apresentando-lhe a bebida cachaça e ao ritmo samba. Ele apareceu posteriormente em vários filmes, TV e também em revistas. Na primeira revista, com o nome *Rei do Carnaval*, o papagaio tenta conquistar uma jovem sambista que foi inspirada na artista Carmen Miranda. Ah, tem um detalhe, a Revista *Time* o descreveu como um papagaio brasileiro bem mais elegante que o Pato Donald e o Mickey, concluiu, divertido.

— Disney, os seus projetos agradam crianças e adultos. Como compatibilizar isso?

— Adultos são apenas crianças que cresceram, disse, mais uma vez sorrindo. O riso é eterno, a imaginação não tem idade e os sonhos são para sempre. Eu não procuro agradar os críticos, eu me arrisco para agradar meu público, que são adultos e crianças. O meu objetivo é apenas divertir as pessoas.

— Disney, você vivenciou duas Guerras Mundiais. Como é que estes grandes acontecimentos influenciaram a sua vida pessoal e profissional?

— Na Primeira Guerra Mundial, que ocorreu entre 1914 e 1918, os Estados Unidos ficaram inicialmente neutros, tentando conciliar o conflito, mas em 1917 nosso país foi forçado a declarar guerra contra os alemães e seus aliados. Eu tentei me alistar para ir lutar na Europa, mas não tinha idade suficiente. Minha mãe então me ajudou a alterar os documentos e, com 16 anos, consegui entrar na Cruz Vermelha e ser motorista de ambulância na Europa, mas felizmente logo a guerra acabou. Ah, sabe quem eu conheci durante o treinamento e também era motorista de ambulância? O Ray Kroc, do McDonald´s, que também mentiu a idade, pois só tinha quinze anos. Já na Segunda Guerra Mundial, meus negócios praticamente faliram, pois o exército norte-americano precisou usar minhas instalações. Acabei produzindo desenhos animados para treinamento dos soldados. Com o fim da guerra em 1945, praticamente sem recursos, mais uma vez não desisti e criei o filme *Cinderela* que, felizmente, recuperou nossa empresa. Como vocês podem ver, a minha vida empresarial sempre teve altos e baixos.

— Disney, por que você resolveu ampliar os negócios e investir em parques de diversão, como a Disneylândia?

— Nas décadas de 30 e 40, eu visitei muitos parques com minhas filhas e surgiu a ideia de criarmos locais onde os adultos pudessem se divertir com seus filhos. Na época, as pessoas queriam visitar a Walt Disney Studios, mas as atrações eram poucas. Eu precisava de um local amplo onde pudesse realizar fantasias das pessoas com os nossos personagens criados. Eu desejava um mundo mágico de sonhos e fantasia. A Disneylândia foi inaugurada em 17 de julho de 1955 e nós, aqui na Disney, chamamos este dia de "Domingo Negro", pois muita coisa deu errado. Primeiro o calor, com uma temperatura de 38°C. Depois faltou comida, não tinha água nos bebedouros, o asfalto estava mole e os saltos dos sapatos das mulheres afundavam, teve vazamento de gás, que provocou o fechamento de várias atrações, e assim por diante. Porém, corrigimos as deficiências à noite e convidamos os 50 mil visitantes para retornar na segunda-feira. As filas começaram às 2 horas da madrugada. A Disneylândia é considerada o parque temático mais famoso do mundo. Valeu a pena ousar e arriscar. Afinal, como sempre digo, se você pode sonhar, você pode fazer. Além disso, a Disneylândia foi um trabalho de amor. Não entrei nisso para ganhar dinheiro.

— Disney, seu irmão Roy foi sempre seu sócio?

— No início, eu entrei em vários negócios, mas apesar de me considerar criativo, empreendedor e bom vendedor, eu não era um bom gestor financeiro. Por isso, tive insucessos e fracassos com minhas empresas. Depois de algumas experiências malsucedidas, convidei o Roy para ser responsável pelas finanças, porque ele era bom nisso. Eu sempre gostei de trabalhar com os melhores profissionais. Se atuassem na área criativa e desenho, eu desejava que eles fossem melhores que eu. Roy e eu somos sócios há cerca de quatro décadas, desde 1924.

— Como é o seu relacionamento com as pessoas?

— Eu sempre presto atenção nas necessidades das pessoas, ou seja, tento identificar as suas dores e necessidades para tentar ajudar a curar. Minhas animações proporcionam uma fuga dos problemas e esperanças de dias melhores com amor, família e amigos. No trabalho, sou exigente e desejo que eles deem o seu melhor. Meus funcionários, muitas vezes, dizem que fazem coisas muito acima do que pensavam conseguir fazer, somente porque eu mostrava que eles podiam fazer e também porque eu era exigente e considerado perfeccionista nos detalhes. Sei que não sou um líder perfeito, pois muitas vezes poderia elogiar mais os bons resultados obtidos pela equipe.

Como já era um pouco tarde, informamos que estávamos satisfeitos com a nossa conversa. Como ele parecia estar cansado, perguntamos se ele iria dormir cedo para descansar. A resposta de Walt Disney conseguiu traduzir a sua personalidade e história de vida:

— Não durmo para descansar, simplesmente durmo para sonhar.

Dicas de Walt Disney

1. A diferença entre ganhar e perder é muitas vezes não desistir.
2. Quanto mais você gosta de si mesmo, você vai ficando menos parecido com qualquer outra pessoa, o que o torna único.
3. Se você pode sonhar, você pode fazer.
4. Não deixe que os seus medos tomem o lugar dos seus sonhos.
5. Por que se preocupar? Se você deu o seu melhor, preocupar-se não vai melhorar nada.
6. Seja sempre entusiasta quando você estiver vendendo uma ideia, produto ou serviço.
7. Para vencer a concorrência é necessário oferecer algo diferente. Faça algo único.
8. Venda suas ideias com honestidade e sinceridade. Assim, seus clientes sempre confiarão em você.
9. Cerque-se dos melhores profissionais e direcione seus esforços para eles serem excelentes.
10. Liderança é inspirar as pessoas, ousar, inovar e ter foco.
11. Quer orientar e motivar sua equipe? Converse e conte histórias, pois as pessoas se conectam com o coração.
12. 12. Converse com seus clientes, pois sempre existe um jeito melhor de fazer o que estamos fazendo.
13. 13. Não dê atenção aos pessimistas.
14. Não tenha receio de comprometer seu patrimônio pessoal para obter capital de giro e realizar um projeto no qual você acredita.

15. Nunca se contente com um sucesso. Continue sua jornada para obter um novo sucesso.
16. Não fique à espera de oportunidades, procure-as.
17. Não importa o que você seja ou está fazendo: faça bem feito.

CAPÍTULO 6

Barão de Mauá

Empreendedor

" O melhor programa econômico de um governo é não atrapalhar aqueles que produzem, investem, poupam, empregam, trabalham e consomem."

Quem foi o Barão de Mauá

Irineu Evangelista de Sousa nasceu em Arroio Grande, Rio Grande do Sul, em 28 de dezembro de 1813 e faleceu em Petrópolis, Rio de Janeiro, em 21 de outubro de 1889. Foi um comerciante, armador, industrial e banqueiro brasileiro. Ao longo de sua vida foi merecedor, por contribuição à industrialização do Brasil no período do Império (1822-1889), dos títulos nobiliárquicos primeiro de Barão (1854) e depois de Visconde de Mauá (1874).

Órfão de pai, Mauá começou a trabalhar com nove anos de idade na empresa comercial do tio, no Rio de Janeiro. Aprendeu muito, tornou-se depois o principal executivo e partiu para voo solo.

A fuga de Dom João VI para o Brasil em 1808, provocada pelas incursões de Napoleão em Portugal, foi escoltada por navios ingleses. A partir daí a Inglaterra teve uma forte atuação na economia do nosso país. Mauá percebeu as oportunidades, aprendeu a falar fluentemente a língua e se tornou um grande empresário, com parcerias inclusive com os Rothschild, família que estabeleceu uma dinastia bancária na Europa e que chegou a ter a maior fortuna privada do mundo.

Mauá casou aos 27 anos com a sobrinha May, com quem teve 18 filhos - apenas 11 vivos e, atingindo a maioridade, somente sete. Supõe-se que este alto índice de mortalidade foi causado pelo nível de parentesco do casal. Ele era bem mais liberal ao tratar a esposa do que o costume da época previa. May nunca teve problemas para andar sozinha na rua, nem para viajar. Sua casa misturava costumes brasileiros com hábitos londrinos. Em relação às crianças, estabeleceu que não haveria castigos corporais, e que sempre daria muito apoio para o desenvolvimento das habilidades de cada um.

Negócios do Barão

Ele criou pelo menos 17 empresas instaladas em seis países com sócios ingleses, franceses, norte-americanos e brasileiros. Entre elas: bancos no Brasil, Uruguai, Argentina, Estados Unidos, Inglaterra e França; estaleiros no Brasil e no Uruguai; três estradas de ferro no interior do Brasil; a maior fábrica do país, uma fundição que ocupava setecentos operários; uma grande companhia de navegação; empresas de comércio exterior; mineradoras; usinas de gás; fazendas de criação de gado; fábricas variadas.

Chegou a controlar oito das dez maiores empresas do país, sendo que as outras duas eram empreendimentos estatais: Banco do Brasil e a Estrada de Ferro Dom Pedro II. É considerado o primeiro grande industrial brasileiro. Era um dos grandes opositores da escravatura. Acreditava que somente a partir de um comércio livre e cidadãos com liberdade o país poderia se desenvolver.

Estima-se que a sua fortuna seria equivalente a 80 bilhões de dólares, nos dias de hoje.

Além dos negócios, Mauá também atuou no associativismo, tendo sido Presidente da Associação Comercial do Rio de Janeiro, conhecida como Casa de Mauá.

A chegada

A introdução dos navios a vapor no século XIX, a nova obra da alta tecnologia inglesa, que começou na época do fim do tráfico de escravos, diminuiu pela metade o tempo de viagem entre a Inglaterra e o Brasil: entre uma carta e sua resposta, o tempo passou a ser apenas dois meses, e não mais cinco. Com o telégrafo, essa comunicação passou a ser instantânea. Mas nada que se compare à tecnologia da nossa máquina do tempo, que certamente assustaria até mesmo o Barão de Mauá, um grande inovador, nessa nossa viagem para o final do século XIX.

Resolvemos fazer um *tour* virtual pela cidade do Rio de Janeiro que tinha, nesta época, quase 800 mil habitantes e era a capital do Império do Brasil, nome oficial do país até o início da república. As belezas naturais tinham como destaque a Baía de Guanabara, praias, montanhas, parques e florestas. O Rio era o centro político do país e palco dos movimentos abolicionista e republicano. A escravidão foi extinta em 13 de maio de 1888 e a Proclamação da República ocorreu em 15 de novembro de 1889, acabando com a monarquia. Dois dias depois, a família de Dom Pedro II viajou para a Europa.

A conversa

Resolvemos chegar sem alarde. Lucas fabricou umas roupas da época na sua empresa, que usamos para não parecermos muito diferentes e fomos para a casa do Barão em São Cristóvão, ao lado da residência do imperador Dom Pedro II. Dissemos que a entrevista seria para um livro sobre o desenvolvimento da indústria. Com elegância londrina, nos recebeu formalmente, como era o costume da época, e foi muito solícito para responder às perguntas.

— Quando percebeu o seu talento para os negócios?

— Nasci no Rio Grande do Sul, filho de camponeses, sendo que fiquei órfão aos conco anos de idade, pois meu pai foi assassinado por ladrões de gado. Aos oito anos, minha mãe casou-se novamente, porém seu novo marido não aceitava filhos do primeiro casamento, assim tive que ir morar com um tio no Rio de Janeiro. Aos nove, comecei a trabalhar em um comércio das 7h às 22h em troca de moradia e comida. Foi uma boa experiência. Aos 15 anos fui promovido a guarda-livros, aprendi contabilidade e negociava cobranças e contas a receber. Aos 17 anos, fui trabalhar com um comerciante escocês, Mr. Garruthers, que me ofereceu o emprego e exigiu que eu falasse inglês. Aos 23 anos já tinha me tornado sócio desta empresa. Mr. Garruthers ensinou-me o capitalismo da Inglaterra e apresentou-me o negócio industrial.

— Como o Sr. aprendeu inglês?

— Ele me emprestou livros de sua biblioteca. Li autores como John Milton, William Shakespeare, Stuart Mill, entre outros. Isso me entusiasmou sobre o que acontecia com o capitalismo em expansão na Inglaterra. Eu gostava, e pedia até que chamassem o meu nome Irineu com sotaque inglês, como “Ernêo”.

— Como foi a transição de uma economia escravagista e agrícola para industrial na sua cabeça?

— Os ingleses não aboliram o tráfico por razões humanitárias. Perceberam que o trabalho assalariado era mais vantajoso para a industrialização. O capitalista não precisaria pagar adiantado pela força de trabalho e nem teria que alimentá-la na entressafra ou em épocas de crise. Simplesmente a dispensaria. Pagar salários mostrou-se ser muito mais barato do que sustentar um escravo, na maioria dos casos. Os ingleses pressionaram muito pelo fim do tráfico e certamente isso foi determinante no Brasil. Eles começaram essa revolução industrial com consequências sociais e eu a trouxe para o Brasil.

— O Brasil, neste final de século XIX, não é um país de ponta em tecnologia, mas o Sr. é ligado neste tema. Como o Sr. se informa sobre o que acontece no mundo?

— Eu costumo ler os jornais das principais capitais do mundo e publicações de engenharia, finanças e manuais de produtos de alta tecnologia da nossa época como locomotivas, motores a vapor, teares, fornos siderúrgicos, produtos químicos, aparelhos de precisão. Isso me alimenta de ideias novas. Já implementei várias delas. E das indústrias saíram inovações: engenhos de açúcar movidos a vapor; pontes de ferro; canhões para os navios de guerra; navios a vapor completos; fornos siderúrgicos e bombas de sucção.

— O Sr. criou várias indústrias. Como foi isso? Não havia indústrias no Brasil?

— A partir de 1844 resolvi liquidar meus negócios comerciais para montar uma fábrica. Eu sempre gostei de chegar na frente, ver o que ninguém via, pisar onde ninguém se atrevia a andar. Sei que de novidade em novidade, mudei quase sozinho, modéstia à parte, a face dos negócios no Brasil e na Inglaterra, também. Com isso, descobri a fórmula para tudo: como montar fábricas no Brasil com capitais ingleses, construir ferrovias, fazer sólidas empresas de transporte e serviços públicos, mudar o financiamento do comércio exterior, sofisticar as transações cambiais, criar empresas que atraíssem o capital inglês e até como se relacionar com o governo brasileiro. Na época, eu queria construir um império que durasse séculos.

— No futuro, talvez chamem de inovação aberta - a língua coçando para contar a verdade sobre a viagem - o desafio para que outras empresas ajudem a resolver nossos problemas. O Sr. já fez algo assim?

— Fiz, em 1874. Publiquei em jornais europeus anúncios prometendo prêmios aos inventores de algum método de conservar a carne, até que encontrei um que resolveu o problema: cozinhar no vapor. Criei com isso uma fábrica de carne em conserva de grande sucesso aproveitando o grande rebanho de gado com 100 mil cabeças que tinha. Eu tenho uma compulsão pela inovação.

— O Sr. também entrou no negócio de iluminação. Como foi?

— Criei a empresa que iluminou o Rio de Janeiro pela primeira vez. Em 25 de março de 1854 provoquei uma revolução. Chamei à rua a população da cidade do Rio de Janeiro e mandei acender os lampiões. Imaginem, a noite foi incorporada à cidade para seus habitantes desfrutarem. E fiz a mesma coisa em Montevidéu.

— O Sr. também participou da implantação do telégrafo no Brasil?

— O Barão do Rio Branco me encarregou de cuidar de algo que interessava ao país, a instalação de um cabo submarino entre o Brasil e a Europa capaz de trazer, instantaneamente, as notícias que ainda demoravam um mês para chegar nos vapores. Eu gostei da ideia, mas não tinha recursos para participar do empreendimento. Aceitei com a condição de não colocar meu dinheiro na empreitada e não aceitar pagamento por isso. Mesmo assim valeria a pena, pois me ajudaria a vender a ideia do progresso do país e também ajudaria nos meus negócios.

— E deu certo?

— No dia 22 de junho de 1874, fiz questão de assistir a Dom Pedro II enviando mensagens ao Papa e à Rainha da Inglaterra, inaugurando as transmissões telegráficas entre o Brasil e o resto do mundo, utilizando o cabo submarino. Com o telégrafo, a comunicação entre a Inglaterra e o Brasil passou a ser imediata, uma mudança espetacular.

— Dom Pedro II também gosta de novidades. Por que os Srs. não têm boas relações?

— Realmente, ele gosta de novidades. Estudou mais de uma dezena de línguas, do tupi ao sânscrito, conhece paleontologia, estudou matemática, física e química e se corresponde com sábios de muitos países. Mesmo em momentos de dificuldade, ele dá um jeito de diversificar as atividades. Gosta de astronomia, química, engenharia, medicina, aprendeu hebraico, traduziu *A Divina Comédia*, dirige as reuniões do Instituto Histórico, visita sempre o Colégio Pedro II e ainda aprecia ópera. Eu gosto de novidades para empreender, e aí fica marcada a nossa diferença. Ele não se interessa por economia e nem pela ciência aplicada, como eu. Seu interesse é teórico e eu sou um empreendedor. Mas, com isso, gerei muito ciúme e inveja. Ele nunca falou nada publicamente contra mim, mas seu governo me tomou bancos duas vezes, por exemplo.

— Quais foram as maiores dificuldades que o Sr. teve na sua vida profissional?

— Minha vida de empresário não foi fácil. Travei grandes embates com Dom Pedro II e seus ministros, e perdi vários. O lucro era um problema. A filosofia da livre iniciativa que muda o mundo, não chegou por aqui. Depois que os ingleses apoiaram a vinda de D. João VI em 1808, eles conseguiram a abertura dos portos e se instalaram no Brasil. A empresa que eu trabalhava foi comprada pelos ingleses, eu aprendi inglês e passei a entender o novo mundo capitalista que se abria ali. Eu li Adam Smith, Ricardo e outras obras que pautavam a economia inglesa depois da escravidão. Enquanto a elite brasileira odiava as minhas ousadias, paparicava estrangeiros com as mesmas ideias.

— Sua fama como empresário correu mundo. Ficaram registros dessa fama até nas obras de Júlio Verne. Como foi isso?

— É verdade. Em seu romance *Da Terra à Lua*, publicado em 1865, os personagens interessados em viabilizar a viagem ao satélite lançaram um manifesto, traduzido em várias línguas, destinado a angariar fundos para a expedição. Os recursos poderiam ser depositados nas principais instituições de 21 países. Entre outros, Verne menciona que, no Rio de Janeiro, em Montevidéu e em Buenos Aires, os interessados deveriam dirigir-se ao nosso Banco Mauá.

— Com todos esses projetos o Sr. precisava de uma boa equipe de trabalho. Quais os critérios que usa para escolher empregados para as empresas?

— Eu gosto de empregar gente ousada, com capacidade de iniciativa. Acabo pagando um certo preço por isso, pois de vez em quando preciso conter o ímpeto dos meus auxiliares, que ficam animados com negócios aparentemente bons e acabam arriscando muito capital em projetos duvidosos.

— Sua fortuna chegou a ser 20% maior que o orçamento do império, mas o Sr. perdeu muito. O que aconteceu?

— Com a perseguição e arbitrariedades por parte de vários membros de diversos governos, eu perdi quase todos os negócios, mas tenho o suficiente para viver. Deixei de ser o idealista que chegou a pensar em resolver os problemas do país por sua própria conta, mas tenho certeza que deixei um legado inestimável de empreendimentos para o país. Talvez as gerações futuras valorizem o que eu fiz e a história me faça justiça.

— Com certeza fará, dizem Lucas e Evandro ao mesmo tempo.

— Obrigado pela entrevista, Visconde. Foi uma honra conhecê-lo pessoalmente.

Quando estávamos saindo nos lembramos que, pouco tempo depois da nossa entrevista, duas semanas depois do fatídico baile da ilha Fiscal - evento que reuniu toda a sociedade do Império, formalmente homenageando a oficialidade do navio chileno Almirante Cochrane ancorado na baía -, considerado o derradeiro gesto de um império em decomposição, morreria o então Visconde de Mauá, em 21 de outubro de 1889. Menos de três semanas depois da morte de Mauá, cairia o Império, com a proclamação da República.

Na viagem de volta resolvemos sobrevoar virtualmente a ilha Fiscal, na baía da Guanabara, palco daquele grande baile, uma festa montada para ser inesquecível, mas que se tornou o símbolo do fim de uma era.

Dicas do Barão

1. Em hipótese alguma dê ouvido a outras pessoas e siga sempre a sua intuição.
2. Assuma riscos, seja ousado e não tenha medo de errar. Pensar no fracasso é para aqueles que já estão vivenciando essa situação.
3. Seu sucesso profissional depende proporcionalmente do quanto você se valoriza. Pare de se impor limites e confie em sua capacidade de execução.
4. A riqueza é uma benção divina e a lei natural da vida, por isso ame e seja grato por todo o dinheiro que você tem. O poder da gratidão é uma das principais chaves do sucesso.
5. Aqueles que se tornam os primeiros em alguma coisa são sempre apaixonados pelo que fazem.
6. Preocupação, medo, ansiedade e insegurança são fatores que impedem você de ir para frente, por isso relaxe e entregue qualquer situação que esteja passando, por mais difícil que possa parecer, nas mãos de Deus. Tudo irá se resolver como em um passe de mágica.
7. Sinta-se bem, trabalhe por puro prazer e dê o melhor de si. Sentir-se bem é ser feliz!
8. Nem sempre a verdade está com aquilo que se vai propagando, até que constitui opinião universal: muitos erros têm nascido, vivido e se radicado à sombra do consenso geral.
9. As dificuldades foram feitas para serem vencidas.

CAPÍTULO 7

Luiza Trajano
Magazine Luiza

"Não falo mal do meu país. Sinto-me responsável pelo desenvolvimento do Brasil e prefiro pensar em soluções ao invés de reclamar."

Quem é Luiza Trajano

Ela nasceu em Franca, cidade do interior de São Paulo, em 9 de outubro de 1951, sendo a principal acionista e presidente do Conselho de Administração do Magazine Luiza — Magalu. Já foi considerada pela Revista *Forbes* em 2020, a mulher mais rica do Brasil, com uma fortuna na época, estimada em cerca de US$ 4,9 bilhões de dólares. É também a empresária mais admirada pelos brasileiros.

Formou-se em Direito e Administração de Empresas. No Magazine Luiza atuou em diversos setores até chegar ao nível de diretoria. É considerada uma empreendedora inovadora devido a grande proximidade com sua equipe e também com seus clientes. Faz questão de interagir e responder pessoalmente, a alguns clientes na rede social.

A Revista *Time*, em setembro de 2021, a apontou como uma das 100 personalidades mais influentes do mundo, tendo sido a única brasileira relacionada.

O que é o Magazine Luiza — Magalu

Em 2021, o Magalu operava 1.113 lojas físicas, distribuídas em 819 cidades, de 21 estados, e que estão se transformando em centros avançados de distribuição dos produtos da empresa e dos 15 mil *sellers*, empresas parceiras do seu *marketplace*. A logística contava com 17 Centros de Distribuição e 2,5 mil caminhoneiros.

O valor de mercado do Magalu, em 2020, atingiu R$ 178 bilhões. A chegada à Bolsa ocorreu em 2011, com o IPO - do inglês *Initial Public Offering*, ou seja, oferta pública de ações de uma empresa da companhia. Capitalizado, ele manteve o ciclo de aquisições nos anos seguintes, com a compra do Baú da Felicidade, a *startup* de logística Logbee, o maior *e-commerce* esportivo do Brasil, Netshoes, o *marketplace* de livros Estante Virtual e o aplicativo capixaba de entregas Plus Delivery.

A chegada

A programação do nosso aparelho de teletransporte, em nossa primeira utilização, falhou. Possivelmente, uma interferência no sistema de comunicação materializou-nos, não na sala da Luiza Trajano, na sede do Magalu, que fica na marginal Tietê, mas no moderno LuizaLabs, o laboratório de tecnologia e inovação do Magazine Luiza. Tentamos entrar no site para perguntar ao avatar Lu, do Magalu, como chegar onde queríamos, mas a Lu estava ocupada auxiliando os clientes nas compras *online*. Enquanto procurávamos ajuda para restabelecer o *software*, fizemos um belo voo virtual pela cidade de São Paulo.

São Paulo é o principal centro financeiro, corporativo e mercantil da América do Sul. É a cidade mais populosa não somente do Brasil, mas também de todo o hemisfério sul, com 12 milhões de habitantes no município e 21 milhões de pessoas na região metropolitana. É a sede de mais de 60% de todas as multinacionais que estão no Brasil. Enquanto admirávamos a sua grandiosidade, felizmente o *software* foi reconectado e conseguimos chegar ao nosso destino.

A conversa

Entramos na sala e fomos recebidos por uma Luiza Trajano sorridente, com atitudes e semblantes que demonstravam alegria e otimismo. Achou interessante nossa passagem pelo Luizalabs, já que ela se orgulha de ser a responsável pela transformação digital da empresa.

Apesar dos gestos delicados, voz suave e pausada, percebemos o seu olhar decidido de empreendedora, que transformou uma pequena rede de lojas do interior do Estado de São Paulo em uma potência empresarial por meio de de uma gestão inovadora, ousada e arrojada que surpreendeu os gigantes do setor do varejo brasileiro, como Casas Bahia, Ponto Frio e até mesmo a Amazon.

Agradecemos a gentileza de nos receber para esta conversa sobre sua vida profissional e empresarial. Descontraída, Luiza disse que nós poderíamos direcionar a conversa como desejássemos e que estaria à disposição para responder às perguntas ou compartilhar a seu modo, algumas de suas experiências.

— Luíza, quando você descobriu o seu talento para o varejo e quais pessoas a estimularam a entrar neste ramo?

— Eu tive duas grandes influências na minha infância e criação: minha mãe e minha tia. Minha mãe, que tinha uma altíssima inteligência emocional, sempre me deu liberdade para tomar as minhas próprias decisões e buscar soluções para resolver os meus problemas. A minha tia, também chamada Luiza, que era vendedora, parou de trabalhar ao se casar, mas como era uma empreendedora nata, logo quis ter seu negócio próprio e comprou uma pequena loja. Eu, como filha e sobrinha única, fui muito paparicada pelas duas. Talvez, por isso, eu tenha uma elevada autoestima e, apesar de ser humilde, sou bastante autoconfiante.

— Mas, e o varejo? Como entrou na sua vida?

— Essa é uma história que gosto de contar, disse ela animada. Quando eu tinha 12 anos, decidi dar presentes de Natal para os meus familiares. Foi aí que minha mãe encorajou-me a trabalhar para que pudesse juntar o dinheiro e comprar os presentes. E onde fui trabalhar? Sorrindo novamente, ela respondeu: abri mão das minhas férias escolares e fui trabalhar como balconista na loja da minha tia. Foi, para mim, uma experiência enriquecedora, tanto é que repeti a dose nos anos seguintes, em todas as férias escolares. Quando terminei o ensino médio, aos 17 anos, a minha tia contratou-me oficialmente como funcionária da loja.

— Uma bela história, disse Lucas. Guardando as devidas proporções, eu também comecei cedo, aos dez anos de idade, vendendo refresco em uma feira livre. Aos 14, vendi Avon com a minha mãe e, aos 15, comecei a fazer artesanato e vender para consumidores finais e *boutiques*. Creio que essas primeiras experiências, em nossas adolescências, nos ensinam muito.

— Luiza, você já disse que erra muito, mas pelos seus resultados você acertou muito mais que errou. O que você faz quando erra? Como dá a volta por cima?

— Eu fui criada para ser solução, e não problema. Quando tinha seis anos de idade, a professora me rejeitou. Minha mãe disse: e o que você vai fazer para ser aceita? Eu me redireciono muito rápido e sempre me virei. Ainda criança, sempre andei de ônibus sozinha. Casei cedo, aos 22 anos, e criei meus três filhos. Depois do parto, em 45 dias, eu voltava a trabalhar com eles nos braços. Amamentava em casa e levava o bebê para as lojas.

Luiza continuou falando sobre sua vida e a evolução do Magazine Luiza, principalmente sobre a política de gestão de pessoas dos seus 40 mil colaboradores.

— Luiza, muita gente conhece a atual história de sucesso do Magalu, mas poucos se lembram da trajetória cheia de desafios para vocês conseguirem chegar até aqui. Você poderia nos falar um pouco mais sobre essa evolução?

— Sabe como eu assumi a liderança dos negócios da empresa, em 1991? Por meio de um bilhete da minha tia. Naquela época, eu me sentia preparada, mas entendi que precisava modernizar e inovar. Criei uma loja virtual de eletrodomésticos, quando as pessoas mal acessavam a internet. Inventei uma promoção no mês de janeiro, com as lojas abrindo às cinco horas da manhã, sendo que muita gente não acreditava na ideia. Fomos bem-sucedidos, pois antes das lojas abrirem, já havia pessoas do lado de fora aguardando a oportunidade para comprar produtos com descontos de até 70%. Esse nosso sucesso, serviu de exemplo para os principais varejistas do Brasil, que passaram a fazer o mesmo.

Luiza contou que seu maior concorrente, a Casas Bahia, veiculava tantas propagandas na televisão que ela brincava e dizia para as pessoas: "no intervalo dos anúncios da Casas Bahia, passa o Jornal Nacional". Como ela tinha verba de marketing limitada, decidiu se aliar ao Domingão do Faustão, oferecendo os produtos do Caminhão do Faustão. Rindo, disse que muita gente achava que Fausto Silva era seu sócio, ou mesmo seu marido.

— Luiza, a Revista *Forbes* citou que você é a mulher mais rica do Brasil. O que você pensa sobre isso?

— Ser a mais rica? Isso é coisa de Bolsa de Valores, é apenas papel. Um dia suas ações valem muito e no outro dia não valem quase nada. Poder e dinheiro são coisas efêmeras as quais você tem que aprender a lidar. Eu tenho um trato com Deus: o dia em que eu deixar de ser humilde e achar que tenho alguma coisa, que Ele puxe o meu tapete para eu cair na realidade. Todo dia você tem que fazer mais bem feito para conquistar o direito de ter algo e apresentar resultado. Em 2011, quando fiz o IPO, o Magazine Luiza estreou captando R$ 925 milhões, com suas ações negociadas a R$ 16. Pouco tempo depois, os papéis chegaram a cair abaixo de R$ 1. Recebi sugestões de que, para nós nos recuperarmos, teríamos que separar as operações digitais das lojas físicas. Eu não aceitei e mantive minha posição. Tenho a premissa de que o cliente é um só, podendo comprar tanto no digital quanto na loja física. Assim, demos a volta por cima e as ações se valorizaram mais de 5.000%. Quando eu acredito em algo, apesar de ouvir muito as pessoas e aprender com elas, mantenho minha posição e, quando possível, faço ajustes para melhorar.

— Luiza, como sua empresa reagiu à pandemia do coronavírus em 2020?

— Tivemos que adotar várias ações de maneira imediata. A primeira foi assumir, com a nossa, o compromisso de não demitir colaboradores. No final do mês de março, criamos uma plataforma digital de vendas para auxiliar micro e pequenos varejistas, bem como profissionais autônomos a manterem seus negócios ativos durante a crise da Covid-19. Esta iniciativa gerou duas plataformas, uma para lojistas e outra para pessoas físicas, para que os produtos pudessem ser oferecidos no site, no app e até nas lojas físicas do Magalu. As entregas das encomendas foram feitas pelos Correios e sem custos para os lojistas.

Quando questionada por que era conhecida como a "Rainha do Marketing", ela disse que o marketing é algo que está no sangue da família. E completou:

— Nós fazemos algumas promoções "malucas". Temos a promoção "Só Amanhã", que disponibiliza produtos com preços convidativos, mas válidos por apenas um dia. Temos também a "Liquidação Fantástica", que revende saldos com até 70% de desconto, mas com uma condição: os clientes só podem comprar o que puderem carregar. A origem do nosso nome é fruto de uma jogada de marketing da minha tia Luiza. Quando ela comprou a loja de presentes em 1957, na cidade de Franca, para escolher o nome da loja criou um concurso cultural numa rádio local e convidou os clientes a participarem com sugestões. Como a titia era uma vendedora muito popular na cidade, os ouvintes escolheram seu nome e a loja passou a ser Magazine Luiza.

Luiza continuou falando sobre o seu orgulho em ter aplicado na empresa as melhores práticas de Governança Corporativa. Explicou que o processo começou em 1992, quando elaborou o primeiro Código de Ética e Conduta. Na década seguinte, a Governança Corporativa atingiu um novo patamar com a chegada de acionistas minoritários. Em 2011, por meio de abertura de capital e oferta de ações, ingressou no Novo Mercado da BM & FBovespa, nível mais elevado de governança. Em 2013, começou o processo de estruturação da sucessão dos principais executivos. Em 2016, Luiza deixou de ser diretora-presidente e passou a ser presidente do Conselho de Administração. Seu filho Frederico Trajano, que era diretor executivo de operações, passou a ser o presidente.

— Luiza, vamos mudar de assunto. E a polêmica do Programa de Trainee 2021, quando o Magalu só aceitou negros?

— Creio ser interessante esclarecer este assunto, que realmente gerou polêmica devido ao racismo estrutural existente no país. Quando nossa organização decidiu implantar um Programa de Trainee somente para negros e pardos, é porque um levantamento interno apresentou que 53% dos mais de 40 mil colaboradores eram de cor negra ou parda. Porém, nos cargos de liderança, somente 16% eram negros ou pardos. A nossa intenção foi dar oportunidade para nossos atuais funcionários e também para jovens negros do nosso país. Foram 22 mil inscritos para 20 vagas. Para mim, cota racial é apenas um processo transitório para acertar uma desigualdade.

— Você se assustou com a repercussão nas redes sociais? Houve críticas até de racismo reverso.

— Não, me assusta muito mais um cliente reclamando nas redes sociais que foi mal atendido. Fico sem dormir quando isso acontece.

— Luiza, e a sua atuação no Grupo Mulheres do Brasil?

— É algo que me dá muito prazer em participar. Ele foi criado por 40 mulheres de diversos segmentos com o objetivo de engajar a sociedade civil na conquista de melhorias para o nosso país. Somos mais de 41 mil participantes no Brasil e no exterior e desejamos ser o maior grupo político suprapartidário de nossa nação. Nós temos vários projetos em andamento. Deixamos bem claro que não somos contra os homens e sim a favor das mulheres. Nós não queremos reinventar a roda e nos engajamos em projetos e instituições já existentes. Quero lembrar que nós do Grupo, somos políticos sim, mas a nossa única bandeira é ajudar o Brasil.

— Você criou um programa de apoio à mulher com 300 empresas depois de um episódio de uma funcionária assassinada pelo marido. Qual foi a repercussão?

— Deu muito certo, pois os maridos ficam receosos de perder o emprego porque sentem que as mulheres estão mais protegidas. Criamos o Canal da Mulher, um disque-denúncia que atende funcionárias por meio do site, e-mail e telefone 24 horas, não sendo preciso se identificar. Temos uma equipe de psicólogas que atendem à possível vítima, conferem a situação e dão orientação emocional.

— Você sempre atuou a favor das micro e pequenas empresas?

— Eu sou a favor do conceito "Think Small First", ou seja, pense nas pequenas primeiro. Sou voluntária dos pequenos negócios desde 1980, atuando com o Sebrae. Eu sempre lembro que, no Brasil, cerca de 55% dos empregos formais têm origem nas micro e pequenas empresas. Se analisarmos de uma forma geral, são 85% dos postos de trabalho do nosso país. A nação precisa gerar empregos. Ah, nas minhas palestras sempre lembro a importância do fluxo de caixa e do capital de giro. Aí, eu recomendo que façam um curso do Sebrae, disse com firmeza.

— Luiza, você defende um capitalismo consciente, e o Magalu é considerada uma das melhores empresas do Brasil para se trabalhar há vários anos. Como isso é visto no mundo empresarial?

— Tem gente que diz que a Luiza tem propósito. Lembro que eu também tenho EBITDA. Se eu tivesse só propósito, nossa empresa não estaria valendo tanto. O propósito é a espinha dorsal, é algo que o consumidor final está pedindo. Os Fundos de Investimento sabem disso. O que tirava minha noite de sono, durante a transição da empresa, em que saí do comando e fui para o Conselho, era a preocupação de perdermos nosso jeito de ser, nossa cultura. Na empresa, não deixamos ninguém esperando mais de dez minutos para ser atendido e, se erramos, pedimos desculpas. Cultura tem que estar nas atitudes.

Agradecemos e parabenizamos Luiza, mas antes de sair, ainda solicitamos um último conselho para os brasileiros que querem empreender e ter seu próprio negócio.

— Eu sempre digo que a soma de QI 's é melhor do que apenas um QI. Por isso, dependo das pessoas para fazer o negócio funcionar. Eu não me considero inteligente, mas acho que sei fazer perguntas para as pessoas certas.

Dicas de Luiza Trajano

1. Não tenha medo de errar e não desanime diante de erros e fracassos. Aprenda a conviver com erros, pois eles serão uma constante na sua vida.

2. Preste atenção no fluxo de caixa, pois um descuido no capital de giro pode quebrar uma empresa.

3. Inove sempre e fique antenado nas novas tecnologias e soluções.

4. Valorize as pessoas, entenda a necessidade de cada funcionário e busque sempre aprender algo novo com seus colaboradores.

5. Faça perguntas a todos e não leve dúvida para casa. Aprenda com sua equipe e clientes.

6. Não reclame das dificuldades. Aproveite esse momento para inovar. Retire pensamentos negativos de sua cabeça.

7. Invista na divulgação de sua marca. Seus clientes precisam saber que você existe.

8. Acredite nas suas ideias mesmo que muitas pessoas pensem de forma diferente.

9. Seja sempre vendedor na empresa. Todos precisam ser vendedores.

10. A empresa familiar tem que ser profissionalizada. Os familiares só podem assumir alguma função se estiverem preparados.

11. Um bom atendimento humanizado é o grande diferencial de uma empresa e a diretoria precisa ter contato com os clientes.

12. Aposte em multicanais. O mundo digital não compete com o mundo físico, eles são aliados.

13. Quando você tem um cargo alto, as pessoas ao seu redor passam a falar apenas aquilo que você quer ouvir. Mas você só cresce quando ouve aquilo que não quer ouvir. O gestor precisa fazer um esforço para ouvir *feedback* negativo.

14. A gente tem mania de pensar pobre e traçar coisas pequenas. E a pobreza atrai a pobreza. Tenha metas ousadas.

15. Inovação e atendimento não podem ser feitos sem pessoas. Para isso, três coisas são necessárias: que elas se sintam participantes - por isso é importante escutá-las; que entrem de coração na empresa - daí ter um propósito; e que sejam recompensadas financeiramente - oferecendo programa de remuneração por metas alcançadas).

CAPÍTULO 8

Elon Musk
Tesla

"Grandes empresas são construídas com grandes produtos."

Quem é Elon Musk

Musk nasceu em 28 de junho de 1971, em Pretória, África do Sul, filho de Maye Musk, modelo e nutricionista canadense e Errol Musk, um engenheiro eletromecânico, piloto e marinheiro sul-africano. Ele tem um irmão mais novo, Kimbal, nascido em 1972, e uma irmã mais nova, Tosca, de 1974. Depois que seus pais se divorciaram em 1980, Musk viveu principalmente com seu pai nos subúrbios de Pretória, mas posteriormente disse que "não foi uma boa ideia". Depois de adulto, Musk cortou relações com seu pai. Ele tem uma meia-irmã.

Durante a infância, ele foi um leitor voraz. Aos dez anos, desenvolveu interesse em computação, aprendeu programação de computadores aos 12 anos e vendeu o código de um jogo de vídeo que ele criou, chamado Blastar, para uma revista, por 500 dólares. Musk sofreu severamente com *bullying* ao longo de sua infância por gostar de estudar e ser o menor de uma sala adiantada para sua idade. Chegou a ser hospitalizado quando um grupo de meninos o jogou por um lance de escadas e depois o espancou até que perdesse a consciência. Isso marcou muito sua postura na vida.

Em 1989, mudou-se para o Canadá em busca de melhores oportunidades de trabalho e depois para os Estados Unidos, onde obteve o bacharelado em Física e Economia, em 1995. Tentou o doutorado em Stanford, mas logo desistiu para se dedicar a sua primeira empresa, a Zip2 Corporation, que fundou com seu irmão mais novo, Kimbal.

Em 7 de janeiro de 2021, com um patrimônio pessoal estimado em cerca de 188,5 bilhões de dólares, tornou-se a pessoa mais rica do mundo, de acordo com a Bloomberg, ultrapassando o empresário Jeff Bezos. No ranking da *Forbes*, Musk ocupava o segundo lugar. Essas posições se alternam de vez em quando, conforme o valor das ações na Bolsa de Valores. Muitos já o consideram como o empreendedor mais inovador da última década, e seus parceiros e investidores dizem que ele tem uma "energia ilimitada".

Vida empresarial

Em 1995, fundou a Zip2 Corporation, uma empresa que fornecia conteúdos para jornais online chegando a ter, na época, clientes como o *Chicago Tribune* e o *New York Times*. Na ocasião em que criou a empresa, trabalhava todos os dias e dormia no escritório.

Em 1999, a Zip2 foi vendida para a Compaq, fabricante de computadores, por 370 milhões de dólares. Musk recebeu 22 milhões de dólares por sua participação de 7% na companhia, aos 28 anos. Imediatamente ele usou o dinheiro para fundar a X.com, empresa de pagamentos e transferências financeiras. Em 2000, a X.com fundiu-se com a Confiniti e deu origem ao PayPal, principal serviço de transferência de dinheiro online.

Em 2002 ele vendeu a PayPal por 1,5 bilhão de dólares para a eBay. Com o dinheiro arrecadado, criou três novas empresas: a Tesla, a SpaceX e a Solar City.

A Tesla produz automóveis elétricos, seus componentes e produtos à base de baterias. A Space X é uma empresa de sistemas aeroespaciais e de serviços de transporte espacial. A Solar City é especializada em serviços de energia solar. Em setembro de 2021, Elon Musk foi destaque na mídia mundial, após a histórica missão espacial de três dias na órbita da Terra, da nave "Inspiration4", de sua empresa SpaceX. Foi um marco do turismo espacial por ter sido a primeira tripulação só de civis a alcançar a órbita da Terra, sem nenhum astronauta profissional a bordo.

A chegada

Se tivéssemos conseguido uma nave espacial para essa entrevista certamente impressionaríamos ainda mais o entrevistado, afinal, essa é a praia dele, dedicado a criar uma maneira de colonizar Marte e preservar a Terra como um paraíso ecológico. Mas fomos no nosso teletransporte holográfico mesmo, que não é elétrico, como os carros da Tesla, mas tem muito de tecnologia digital, também.

A sede da Tesla fica no miolo do Vale do Silício, em Palo Alto, California. Não existe lugar melhor para uma indústria inovadora, em que o produto deixou de ser majoritariamente mecânico para ser cada vez mais digital.

Já estivemos anteriormente aqui no Vale do Silício, quando visitamos Steve Jobs, e vamos retornar para conversar com Reed Hastings, na Netflix. É sempre bom lembrar a importância desta região para o mundo, pelo fato de ser o nascedouro do mundo digital como conhecemos hoje.

A conversa

Mesmo tendo uma empresa de lançamento de foguetes, Musk acha que o transporte nas cidades deveria se desenvolver mais por baixo da terra do que por cima. Afinal, diz ele, não será confortável para a população ver um enxame de drones e carros voadores sobre suas cabeças. Por isso ele tem o projeto de criar uma rede de túneis subterrâneos para aliviar o tráfego, mais um de seus grandiosos projetos.

Quando entramos na sala, Musk já nos recebeu mostrando umas fotos desse projeto que está sendo construído em Las Vegas e brincou, dizendo que talvez chegássemos mais rapidamente com o que estava por vir em seu projeto do que com o nosso teletransporte. Há controvérsias, e resolvemos não discutir muito, afinal, ele deve ter todas as respostas prontas para contestar. Preferimos ir direto para a nossa pauta.

— Quando você percebeu esse grande interesse por tecnologia?

— Quando criança, eu era muito diferente dos garotos da minha idade, pois em vez de brincar e praticar esportes eu preferia ficar em casa jogando *games* e lendo. Aos 10 anos, pedi um computador ao meu pai, mas ele não me deu. Assim, tive que economizar minha mesada, até que consegui comprar o computador com meu dinheiro e, com ele, veio um curso de programação para eu fazer em seis meses. Acabei concluindo o curso em três dias, pois fiquei 72 horas virado, sem dormir, aprendendo a programar, criando então meu primeiro jogo. Desde pequeno, não tenho limites para trabalhar.

— Você se formou em Física e Economia na Wharton Business School, Pensilvânia, mas critica muito as universidades. Por quê?

— Eu acho que a universidade é para se divertir e para provar que você é capaz de fazer tarefas, não é um espaço de aprendizado. Vejam que grandes nomes como Bill Gates, Steve Jobs e Larry Ellison, da Oracle, desistiram das faculdades que cursaram. Mesmo assim, nos primeiros dois anos na universidade, aprendi muito sobre muitas coisas. Algo que aprendi na Queen's University - com professores e alunos - foi como trabalhar de forma colaborativa com pessoas inteligentes e fazendo uso do método socrático - técnica de investigação filosófica utilizada por Sócrates - para alcançar objetivos comuns.

— Eu também tive a oportunidade de fazer um curso de Inovação e Estratégia nos Negócios na Wharton e aprendi muita coisa, disse Lucas. É bem rigorosa, sendo a Escola de Administração mais antiga dos Estados Unidos.

— Você colocou um nome diferente no seu sexto filho. Como foi isso?

— O bebê nasceu no dia 5 de maio de 2020 e demos a ele o nome X Æ A-Xii. O nome é resultado da variável X da matemática, faz referência à inteligência artificial (Æ) e a nossa aeronave preferida (A-Xii).

— Você realmente criou uma escola só para os seus filhos?

— Isso! Eu não estava satisfeito com as escolas tradicionais, e criei para os meus cinco filhos a Ad Astra - uma expressão em latim que quer dizer “para as estrelas”. A escola funciona em Los Angeles desde 2015, com uma pequena turma. Antes de criar a Ad Astra, os meus filhos estudavam na escola Mirman, para crianças superdotadas. Mas não gostei do tipo de ensino oferecido e por isso resolvi tirá-los do estabelecimento de ensino e desenvolver a escola Ad Astra, para oferecer uma educação diferenciada, pensando nas habilidades, interesses e aptidões de cada criança.

— Com a SpaceX você entrou em um negócio complexo, que pode consolidar os Estados Unidos como líder mundial em transporte de pessoas e cargas para o espaço. Não gera muitos inimigos?

— O Steve Jobs enfrentou inimigos poderosos na indústria da música quando lançou o iPod e o iTunes, mas realmente não chega nem perto dos problemas que eu tenho de enfrentar. Minha família tem medo que eu seja morto pelos russos, e a lista dos que não se importariam se eu morresse está aumentando.

— E qual é a sua ideia para a Tesla Motors?

— Quero reformular a maneira como os carros são fabricados e vendidos, bem como construir uma rede mundial de recarga. Não quero híbridos, que é um meio-termo aquém do ideal, quero carros totalmente elétricos que ampliem os limites da tecnologia. Não quero carros vendidos em concessionárias, quero vendê-los diretamente pela internet, em lojas como as da Apple, em shoppings centers sofisticados. Quero ocupar o mercado mundial. Hoje, há estações de recarga da Tesla ao longo das principais rodovias dos Estados Unidos, Europa e Ásia, e elas podem alimentar um carro para rodar centenas de quilômetros.

— Isso não cria um problema? Você não terá um intermediário para receber eventuais reclamações. Aconteceu recentemente na China, quando uma usuária subiu em um dos seus carros em uma exposição, e fez um discurso reclamando do freio do carro.

— É verdade. Esse modelo de venda direta é uma afronta às concessionárias, que estão acostumadas a ganhar com essa intermediação, mas é esse o modelo que eu quero. Vamos ver o desdobramento disso.

— Você pegou indústrias como a automobilística e aeroespacial que os americanos pareciam ter desistido e as está reinventando. Qual é sua visão para estes negócios?

— Eu quero salvar a raça humana da aniquilação autoimposta ou acidental, por isso a agenda Marte. Eu gosto de fazer planos grandiosos: habitar o espaço sideral, revolucionar o transporte de alta velocidade ou reinventar a tecnologia automotiva. Tem o meu ambicioso projeto "NeuraLink", que envolve implantar *chips* em cérebros humanos para criar *interfaces* mente-computador. A SpaceX está trabalhando na ideia de construir foguetes de passageiros capazes de viajar para qualquer cidade do mundo em menos de uma hora, um meio de transporte que eu chamo de "Terra-Terra". São essas coisas que me movem. Eu nunca liguei para ganhar dinheiro, mas sempre quis fazer algo que gerasse diferença para o mundo.

— Musk, o que você gosta de ler?

— Eu sempre li muito, desde pequeno. Era costume ler até dez horas por dia. Lia livros de ficção, histórias em quadrinhos e depois não ficção também. Li *Senhor dos Anéis*, a série *Fundação* de Isaac Asimov, mas um dos meus preferidos era *O guia dos Mochileiros das Galáxias*. Depois fiquei sem ter o que ler na biblioteca da minha escola e na do bairro. Aí passei a ler a *Enciclopédia Britânica*. Isso ajudou muito. Você ignora o que não sabe. E acaba percebendo que há um mundo de coisas lá fora.

— Como está o valor de mercado da Tesla?

— Em outubro de 2019, a Tesla ultrapassou a General Motors em valor de mercado e se tornou a montadora mais valiosa dos EUA. Em janeiro de 2020, a Tesla passou, pela primeira vez, os US$ 100 bilhões em valor de mercado. Assim, a Tesla superou o valor de mercado, somados, da Ford e da General Motors, embora tenha patamar de vendas bem inferior ao das duas empresas. A valorização da Tesla deve-se à empresa deter o mais avançado domínio da tecnologia de carros elétricos e a expectativa de que, nos próximos anos, essa tecnologia possa se tornar o padrão na indústria automobilística. Análises otimistas enxergam que a Tesla pode ser o iPhone do mundo dos carros elétricos.

— Como é essa nova fábrica da Tesla que está sendo construída em Nevada?

— O terreno é gigantesco. Com isso, ela será a segunda maior construção do mundo, perdendo apenas para uma fábrica da Boeing, que também fica nos EUA.

— Você levantou preocupação com o desenvolvimento da Inteligência artificial. Qual é o motivo?

— Eu penso que esse assunto deveria ter alguma supervisão regulatória, talvez num nível nacional ou internacional, só para ter certeza que não venhamos a realizar uma idiotice. Fico preocupado que a criação da inteligência artificial possa ser como "convocar o demônio". O software pode ser tão sofisticado de forma que se perca o controle controle sobre as ações, que podem ser realizadas ameaçando, assim, as pessoas.

— Você provocou um rebuliço no mercado de criptomoedas recentemente. Como foi esse movimento?

— A Tesla comprou US$ 1,5 bilhão em bitcoins. Passei a aceitar compra de automóveis da Tesla com criptomoedas. Esperamos que menos de 5% das transações sejam por meio de bitcoins e isso pode aumentar com o tempo, à medida que as criptomoedas sejam mais aceitas nos próximos anos. Mas tenho muita preocupação com o alto consumo de energia na administração da moeda onde um número muito grande de computadores é envolvido.

— Sua ex-mulher, Justine, disse em uma entrevista que sempre sabia quando você estava ligando para ela, porque o telefone nunca parava de tocar. "O homem não aceita 'não' como resposta", disse ela. "Você não pode dispensá-lo. Eu realmente penso nele como o Exterminador. Ele fixa seu olhar em algo e diz: 'Será meu.' Você é assim mesmo? Por quê?

— Foco é fundamental. Se você puder se concentrar em uma única tarefa com exclusão de todo o resto até que essa tarefa seja concluída, se você puder dedicar um tempo e se esforçar para aprender tudo que puder sobre algo, você se colocará à frente de quem está competindo. Eu realmente não aceito "não" como resposta. Você pode conseguir virtualmente tudo o que quiser, se estiver disposto a ouvir a palavra "não" com frequência suficiente.

— Como é o seu ritmo de trabalho?

— As pessoas precisam trabalhar duro para começar e desenvolver uma empresa. Quando meu irmão e eu começamos a nossa primeira empresa, a Zip2, em vez de alugar um apartamento, nós preferimos um pequeno escritório e dormíamos no sofá. Tinha apenas um computador e o site ficava 24 horas no ar, com cada um trabalhando 12 horas seguidas. Tomávamos banho em um local próximo e comíamos sanduíches. Algumas pessoas me acham louco, mas creio que sou apenas obsessivo. Confesso que quando faço algumas coisas, eu tenho medo. Porém, quando você acha que algo é importante, você faz, mesmo com medo. Sei também que quando começo algo novo, posso perder tudo que estou investindo. Para ser empreendedor, depende muito da sua capacidade de sentir dor e não desistir.

Musk encerrou a entrevista e nos ofereceu um Tesla sem motorista para nos levar até o nosso ponto para o teletransporte. Aceitamos na hora. E foi ótimo, embora levássemos alguns sustos de vez em quando sem ter certeza de que o carro pararia onde tinha que parar. Mas a experiência valeu e esse é o futuro.

Dicas de Elon Musk

1. Corra atrás de suas paixões e não tenha medo de pensar grande.
2. Esteja pronto para assumir riscos. As pessoas deveriam ser menos avessas a riscos quando não há tanto para arriscar.
3. Ignore as críticas. Siga a lógica, e não regras.
4. Use uma linguagem simples.
5. Criar uma empresa é como fazer um bolo. Você tem que ter todos os ingredientes, na medida certa.
6. O fracasso é uma opção, aqui. Se as coisas não estão falhando, você não está inovando o suficiente.
7. Começar e crescer com um negócio é muito mais sobre inovação, unidade e determinação das pessoas por trás dele do que o produto que vendem.
8. Acho que este é o melhor conselho: pensar constantemente sobre como você poderia fazer as coisas melhor, e questionar a si mesmo.
9. A persistência é muito importante. Você não deve desistir, a menos que você seja forçado a desistir.
10. O primeiro passo é estabelecer que algo é possível, em seguida, a probabilidade irá ocorrer.
11. Se algo é importante o suficiente, mesmo que as probabilidades estejam contra você, faça-o.
12. Tudo bem ter seus ovos em apenas uma cesta, desde que você controle o que acontece com essa cesta.
13. Foque em algo que tenha valor alto para outra pessoa e seja muito rigoroso nessa análise, porque a tendência humana natural é de 'wishful thinking' (ilusões positivas).

14. A física é uma boa estrutura de pensamento. Reduza as coisas às verdades fundamentais e raciocine a partir daí.
15. Qualquer produto que precise de um manual está quebrado.
16. Eu acredito que é possível que pessoas comuns escolham ser extraordinárias.
17. O caminho do CEO não deve ser por meio do escritório do CFO nem no departamento de marketing. Precisa ser por meio de engenharia e *design*.
18. Eu tenho duas opções: assistir a tudo isso acontecendo ou fazer parte disso.
19. Devem existir razões pelas quais você acorda de manhã e quer viver. Por que você quer viver? Qual é o ponto? O que inspira você? O que você ama sobre o futuro? Se o futuro não incluir estar lá fora, nas estrelas, e ser uma espécie multiplanetária, eu acho extremamente triste.
20. O segredo da vida é fazer as perguntas certas. Depois que você descobre a pergunta, fica fácil achar a resposta.

CAPÍTULO 9

Jeff Bezos
Amazon

"Você precisa estar disposto a ser incompreendido se for inovar."

Quem é Jeff Bezos

Jeff Bezos nasceu como Jeffrey Preston Jorgensen, em 12 de janeiro de 1964 em Albuquerque, Novo México, Estados Unidos, filho de Jacklyn Gise Jorgensen e Ted Jorgensen. A mãe de Bezos, Jacklyn, nascida em 1946, tinha dezessete anos e ainda estava no ensino médio no momento do seu nascimento. Seu casamento com Ted Jorgensen durou pouco mais de um ano. Em abril de 1968, quando Jeff tinha quatro anos, ela se casou com seu segundo marido, Miguel "Mike" Bezos, um imigrante cubano que chegou sozinho nos Estados Unidos quando tinha quinze anos. Ele se casou com Jacklyn e adotou Jeff Jorgensen, de quatro anos, cujo sobrenome mudou para Bezos. Bezos foi logo percebido como menino prodígio, o que levou seus pais a matriculá-lo em uma escola para superdotados, onde rapidamente se destacou. Jeff casou-se com MacKenzie Bezos, de quem se divorciou recentemente, e tem quatro filhos, sendo três filhos biológicos e uma filha adotada da China, a mais nova. Diferentemente de outros ícones do mundo digital, como Steve Jobs, Bill Gates e Mark Zuckerberg, Bezos completou a universidade se formando em Engenharia Elétrica e Ciência da Computação em Princeton. Trabalhou no mercado financeiro antes de ter a inspiração de criar a Amazon.

Jeff é muito eloquente e esperto, atestam os concorrentes. É o típico fundador técnico de um negócio, que entende cada detalhe e se importa mais do que qualquer um. Suas ambições são imensas, não apenas para a Amazon, mas também no sentido de ampliar os limites da ciência e reformular os meios de comunicação. Além de financiar sua própria empresa do ramo de foguetes, a Blue Origin - ele compartilha o interesse espacial com Elon Musk, da Tesla, e com Richard Branson, da Virgin Galactic. Bezos também comprou o jornal *Washington Post*, que enfrentava dificuldades, por 250 milhões de dólares em agosto de 2013, numa negociação que surpreendeu a indústria jornalística. Em pouco tempo a empresa se tornou lucrativa, apesar da crise geral da imprensa atropelada pela internet e suas redes sociais.

Em 2021 Jeff Bezos é uma das pessoas mais ricas do mundo, com uma fortuna avaliada em cerca de 200 bilhões de dólares. Em julho de 2021, o bilionário, a bordo de uma nave construída pela sua empresa Blue Origin, fez uma viagem espacial, sendo o primeiro voo civil sem piloto no espaço. Com ele, foram seu irmão, Mark Bezos e mais duas pessoas, sendo a mais velha e a mais nova a irem ao espaço.

O que é a Amazon

A história da Amazon.com se tornou, para o público, uma das mais icônicas da era da internet. A empresa começou de forma modesta em 1994, como uma livraria virtual, e depois fez parte da primeira onda da "pontocom" do final dos anos 1990, ampliando seu negócio para a venda de música, filmes, eletrônicos e brinquedos. A Amazon dominou a dinâmica complexa de sua própria rede de distribuição e expandiu os negócios, passando a vender programas de computador, jóias, roupas, acessórios, artigos esportivos, peças automotivas e mais recentemente também remédios, um sem-fim de categorias.

Depois de ter se estabelecido como o maior site de comércio eletrônico da internet e uma plataforma líder em que vendedores podem anunciar seus produtos (*marketplace*), a Amazon se redefiniu, outra vez, como uma empresa de tecnologia versátil vendendo infraestrutura de computação na nuvem conhecida como AWS (Amazon Web Services) e o leitor eletrônico Kindle, que popularizou o livro digital.

A Amazon tem, em 2021, um valor de mercado de 1,6 trilhão de dólares, perdendo apenas para a Apple pelo resultado de 2020, e para a empresa de petróleo da Arábia Saudita, a Aramco. A empresa viabilizou uma coisa fantástica: colocar disponíveis itens que vendem poucas quantidades ao lado daqueles que vendem milhões. Chris Anderson batizou essa característica de "A Cauda Longa", que significa sair do mercado de massa para o mercado de nicho.

A chegada

Não é trivial ser teletransportado, mesmo que por holografia, afinal, você pode sair no lugar errado e na hora errada. Mas, felizmente para nós, não foi o caso. Deu tudo certo. No caminho para visitar a Amazon e entrevistar Jeff Bezos, sobrevoamos virtualmente a bonita cidade portuária de Seattle, no noroeste dos Estados Unidos, pois com o Google Earth é moleza. Seattle deve o seu nome a um chefe indígena de uma tribo da região, sendo hoje um polo tecnológico, sede não só da Amazon, como da Microsoft e de uma infinidade de empresas que giram ao redor dessas gigantes. Há forte presença dos setores de biotecnologia, bioinformática, genômica e engenharia ambiental. Completam a história empresarial de Seattle a indústria Boeing e a origem local da Starbucks.

Chegar à sede da Amazon foi fácil. O Complexo das Esferas, as torres de escritórios e os restaurantes de alta tecnologia chamam de longe a atenção. As três cúpulas de vidro em forma de esferas abrigam cerca de 40 mil plantas de 400 espécies. A Amazon, famosa pela sua exigente cultura de trabalho, espera que os ambientes exuberantes das Esferas permitam que os funcionários reflitam e tenham encontros casuais, gerando ideias de novos produtos ou projetos. O espaço é mais como uma estufa do que um escritório típico. Em vez de salas de conferência, há passarelas e espaços não convencionais para reuniões. Difícil foi explicar, na antessala do CEO, como chegamos ali, teletransportados, sem subir pelos elevadores. Porém, o pessoal desta empresa está acostumado a ver coisas impossíveis acontecendo e não estranharam tanto. Assustador foi ouvir, vindo lá de dentro, uma gargalhada escandalosa, que pareceu mistura de alguma ferramenta elétrica com elefante-marinho acasalando. Depois descobrimos que era a marca registrada de Bezos e, embora espontânea, ele a usava para assustar interlocutores, mesmo.

A conversa

Bezos logo nos recebeu formalmente, já avisado da aparição estranha de dois brasileiros, mas estava interessado na conversa até para perceber um pouco mais esse grande mercado onde a Amazon não era ainda dominante e competia com grupos locais que cresciam muito rápido, como Magalu e B2W.

Logo percebemos o estilo direto e o sinal da lenda que também acompanhava Steve Jobs, de que ele possuía um campo de distorção da realidade que fazia com que as pessoas tivessem que ser desprogramadas depois de interagir com ele. Esse poder fazia com que os funcionários da Amazon realizassem coisas antes entendidas como impossíveis.

— Como começou a Amazon?

— O início foi de forma modesta, como uma livraria virtual, e depois fez parte da primeira onda das "pontocom" do final dos anos 1990. Posteriormente, ampliamos os negócios para a venda de música, filmes, eletrônicos e brinquedos. Quando dominamos a dinâmica da logística de distribuição, expandimos para vender programas de computador, jóias, roupas, acessórios, artigos esportivos, peças para automóveis e mais um monte de coisas.

— Como surgiu o nome Amazon?

— Isso tem a ver com vocês, brasileiros. Eu procurei no dicionário todas as palavras com a letra A para aparecer primeiro nos mecanismos de buscas e tive uma sacada ao chegar à palavra Amazon. O maior rio da Terra, a maior livraria da Terra. Ele não é apenas o maior rio do mundo, é muitas vezes maior que o segundo maior rio. Ele deixa todos os outros rios no chinelo.

— Mas vocês vendem muita coisa diferente para ter receita. Não perdem o foco?

— Nós não ganhamos dinheiro vendendo coisas, ganhamos quando ajudamos os clientes a decidir o que comprar. Nós colocamos opinião de outros clientes, sugerimos compras mostrando o que outros compraram e facilitamos as compras com um clique só, por exemplo. Tivemos três grandes ideias na Amazon. Estas foram colocadas em prática nos últimos 18 anos, e são a razão pela qual somos tão bem-sucedidos: coloque o cliente em primeiro lugar, inove e seja paciente.

— Onde você aprendeu o que sabe?

— Adoro ler. Leio tudo, mas leio gente também. Eu estudo todo mundo e tento extrair de cada um o máximo de aprendizado. O cientista Alan Kay, pioneiro da computação, dizia que "o ponto de vista vale oitenta pontos de QI" - um lembrete de que examinar as coisas a partir de novas perspectivas pode melhorar nossa compreensão.

— Você já fez reunião deixando uma cadeira vazia para o "cliente". Como é isso? Qual foi o objetivo?

— Eu defini os cinco valores fundamentais da Amazon: obsessão pelo cliente, simplicidade, propensão à ação, propriedade e padrões elevados de talento. Então tudo começa no cliente. Eu digo para o meu pessoal não se preocupar com nossos concorrentes, porque eles nunca vão nos dar nenhum dinheiro. Vamos nos preocupar com nossos clientes e permanecer completamente focados. Hoje nós conseguimos ter informações sobre os clientes que antes eram impossíveis de se obter. Com isso, podemos trabalhar melhor para atendê-los.

— Embora mostre um humor contagiante em público, você tem uma tendência a acessos de raiva que alguns funcionários chamam de insanos. Dizem, brincando, que você é capaz de arrancar a cabeça de um funcionário com os dentes. Como é isso?

— Acho que eu não fujo muito do padrão da turma. Steve Jobs gritava com executivos, Bill Gates costumava ter ataques de fúria, Steve Ballmer, seu sucessor na Microsoft, atirava cadeiras. Andy Grove, o antigo CEO da Intel, era conhecido como um homem tão duro e intimidante que, certa vez, um subordinado desmaiou durante uma avaliação de desempenho. Mas tudo isso é uma vontade imensa de acertar.

— Como vocês criam comunicação entre as várias áreas da empresa?

— Comunicação é um sinal de disfunção. Significa que as pessoas não estão trabalhando de forma unida e orgânica. Deveríamos encontrar uma fórmula de fazer as equipes se comunicarem menos, e não mais. Se houver um alinhamento estratégico permanente de ideias e processos azeitados, conseguiremos reduzir a necessidade de comunicação entre as áreas.

— Jeff (nós, já mostrando intimidade), você já fracassou alguma vez? Como encara eventuais fracassos?

— Colecionei bilhões de dólares em fracassos na Amazon.com. Literalmente! Nada disso é divertido, mas também não importa. O que importa é que empresas que não testam novas possibilidades ou não aceitam os fracassos acabam, no final, se colocando numa posição em que a única coisa que podem fazer é uma corrida desesperada pela sobrevivência. Não acredito em atitudes desse tipo, que podem colocar a empresa em risco. É melhor experimentar sempre as novidades para se antecipar ao mercado.

— Você demorou a entrar no Brasil com a Amazon. Por quê?

— Por causa de duas jabuticabas, como vocês dizem lá. É o tal de boleto e a mania de parcelar pagamentos em muitas vezes sem juros. Nós não tínhamos os algoritmos para processar essas esquisitices. E tínhamos de montar uma logística do zero. Os nossos concorrentes já estão estabelecidos lá há muito tempo.

— Você costuma classificar hábitos e atitudes para definir isso em "é legal" ou "não é legal". O que é legal para você?

- Juventude, correr riscos, vencer, educação, inventar, derrotar pessoas maiores e sem carismas, exploradores, capacitar os outros, liderança, convicção, franqueza, autenticidade, pensar grande, missionários, o inesperado.

— E o que não é legal?

— Grosseria, derrotar pessoas menores, perseguição, conquistadores, a obsessão por concorrentes, capturar todo o valor apenas para a empresa, fazer intrigas na multidão, hipocrisia, mercenários.

— Como foi seu caminho até aqui e como você se vê no futuro?

— Quando você tiver oitenta anos, num momento tranquilo de reflexão e narrando para você mesmo a versão mais particular da sua história de vida, a parte mais compacta e significativa será a série de escolhas que você fez. Eu adoto o "método de minimização de arrependimentos" quando tenho de tomar uma decisão. Usei isso quando percebi que eu me arrependeria muito se não entrasse na internet, que apenas começava quando criei a Amazon. Eu quero um bom retorno financeiro, mas para mim há outras coisas importantes, como a recompensa de ver a minha criatividade e a minha visão tecnológica darem frutos e mudarem o mundo, de maneira positiva.

— Steve Jobs detestava apresentações em PowerPoint, dizia que aqueles que usavam isso o faxiam por não saberem defender a ideia. Você também concorda?

— Sim, mas eu uso um método diferente do dele. Ele queria que a pessoa apresentasse a ideia ao vivo. Eu peço que apresentem uma narrativa por escrito, em no máximo seis páginas, para ser lida por todos da reunião antes de se debater o tema. Todas as novas ideias de produto devem ser apresentadas como um *release* para a imprensa, mesmo que só fique internamente.

— Descobrimos outra coisa em que você tinha ideia semelhante ao Jobs. Na universidade, Jobs foi fazer aulas de dança só para ter acesso a um maior número de mulheres. Parece que você também usou essa tática.

— Eu procurava usar o raciocínio analítico para tudo, até mesmo em situações sociais. Quando estava solteiro, realmente comecei a fazer aulas de dança de salão, presumindo que isso me ajudaria a ter mais contatos com mulheres. Queria aumentar meu "fluxo de mulheres", como fazia com o fluxo de transações no mercado financeiro - o número de novas oportunidades disponíveis para um banqueiro -, disse, com uma gargalhada estridente.

— E qual é a sua intenção com essa história de viagens espaciais?

— A conquista espacial tem sido um sonho da humanidade há séculos. A Blue Origin é o próximo passo das coisas que Júlio Verne escreveu e que as missões Apollo realizaram. Eu gostaria de retirar todas as pessoas da Terra e transformá-la em um grande parque nacional. Eu sempre fui ligado, desde criança, nas atividades espaciais da Nasa e nos programas de televisão, como *Jornada nas Estrelas*. Quero transformar a imaginação em realidade, os sonhos de juventude em objetos materiais. Agora que deixei de ser o CEO da Amazon, vou me dedicar mais a esse sonho.

— Qual a lógica de você comprar o jornal *Washington Post*? Não é muito diferente do seu negócio?

— Já vi muita especulação sobre isso. Disseram que eu iria influir na redação, e não fiz isso. Disseram que eu estaria comprando o prestígio de uma marca. Realmente isso acontece, mas é uma consequência. A opinião mais próxima da realidade é que jornais produzem e distribuem conteúdos, o que também faz a Amazon. Como eu disse, nós ganhamos dinheiro quando ajudamos o cliente a comprar. Como? Com informação.

— Já falamos sobre investimentos na Amazon, AWS, Blue Origin e Washington Post. Em que mais você investe?

— Eu tenho a Bezos Expeditions, minha própria empresa de capital de risco, que possui participações em empresas como o Twitter, Uber, o site de notícias Business Insider e a empresa de robótica Rethink Robotics, que tem como objetivo colocar robôs de preço mais acessível em linhas de montagem. Mas dedico também uma boa quantidade de recursos para filantropia. Agora vocês me desculpem, mas eu tenho uma sequência de reuniões. Tenham uma boa viagem de volta.

Após a entrevista, resolvemos descer normalmente pelos elevadores, e vimos, na entrada uma placa com letras brancas informando aos visitantes que eles acabavam de entrar no reino de um CEO filósofo. Nela se lê:

"Ainda há muito a ser inventado. Muita coisa nova ainda vai acontecer. Ninguém ainda faz ideia do impacto que a internet produzirá. Em muitos aspectos, estamos ainda no primeiro dia." (Jeff Bezos)

Dicas de Jeff Bezos

1. Grandes comerciantes nunca tiveram a oportunidade de entender seus consumidores de forma verdadeiramente individualizada. O comércio eletrônico possibilitou isso.

2. Tenha determinação, discorde e execute. Os líderes são obrigados a desafiar decisões quando discordam, mesmo que isso os coloque em situações desagradáveis e exaustivas.

3. Líderes têm convicção e são tenazes. Eles não cedem em nome da coesão social. Ao chegarem a uma decisão, eles agem.

4. Tente não gastar dinheiro em coisas sem importância para os clientes. A moderação gera criatividade, autossuficiência e invenção.

5. O fracasso é uma parte essencial da experimentação. Se você já sabe que algo vai funcionar, então não se trata de um experimento.

6. Se você decidir que irá fazer somente as coisas que sabe que funcionarão, poderá deixar muitas oportunidades de lado.

7. Se podemos mantiver os nossos concorrentes focados em nós, enquanto nos mantemos focados nos clientes, no final será bom para nós.

8. Se você não pode alimentar a sua própria equipe de trabalho com duas pizzas, a equipe é grande demais.

9. O executivo, como é a pessoa mais experiente, deve solicitar que a equipe "jogue, discorde e se comprometa".

10. Se eu tomar três boas decisões por dia, isso é o suficiente, e elas devem ser da melhor qualidade que eu puder.

11. A vida é curta demais para lidar com pessoas que não têm expediente, que não são engenhosas. Prefiro entrevistar

50 pessoas e não contratar ninguém a contratar a pessoa errada.

12. Se você for bom em corrigir o curso das coisas, errar pode custar menos do que você pensa. Considere que ser lento vai certamente custar caro.

13. Uma marca, para uma empresa, é como uma reputação, para uma pessoa. Você ganha reputação tentando fazer direito, as coisas difíceis.

14. Nos negócios, a velocidade importa; além disso, um ambiente de rápida tomada de decisões é mais divertido, também.

15. Reclamar não é uma estratégia. Temos que lidar com o mundo tal como ele é, e não tal como gostaríamos que ele fosse.

16. Continue inventando e não se desespere quando a princípio, a ideia lhe parecer maluca. Deixe a curiosidade ser sua bússola.

17. Se você não for teimoso, vai desistir de fazer experiências muito cedo. E se não for flexível, vai bater de cabeça na parede e não vai encontrar uma solução diferente para seus problemas.

18. As pessoas que estão mais frequentemente corretas são aquelas que mais frequentemente mudam de opinião.

CAPÍTULO 10

Amancio Ortega
Grupo Inditex | Zara

"Ganhar dinheiro nunca foi minha meta. Alguém interessado apenas em ganhar dinheiro não é um verdadeiro homem de negócios."

Quem é Amancio Ortega

Amancio Ortega Baono nasceu em 28 de março de 1936, no município de Busdongo de Arbas, na província de León, Espanha. De família humilde, era o caçula de quatro irmãos, sendo que seu pai, de profissão ferroviário, precisou mudar-se para La Coruña. Foi aí que começou a trajetória do menino pobre que, por ter ideias inovadoras, foi reconhecido pela Revista *Forbes* em 2015, com o homem mais rico do mundo, com uma fortuna estimada em US$ 80 bilhões de dólares.

Casou-se duas vezes, tem 3 filhos e criou a Fundação Amancio Ortega, voltada para a promoção social através da educação e ciência. Ele diversificou seus negócios e sua *holding* tem empresas no ramo imobiliário, concessionárias de automóveis e fundos de investimentos.

O que é a Inditex, proprietária da marca Zara e muitas outras

A Inditex, Industria de Diseño Textil S.A, é o maior conglomerado de marcas de moda e indústria de confecções do mundo, estando presente em quase 100 países, com cerca de 170 mil empregos diretos e já chegou a ter em torno de 8 mil lojas das marcas Zara, Pull and Bear, Massimo Dutti, Bershka, Stradivarius, Oysho, Zara Home, Zara Kids, Uterqüe e Lefties.

O grupo foi criado em 1985 por Amancio Ortega e a sua ex-mulher, Rosalía Mera. A marca Zara é considerada a maior varejista de moda do mundo. Em 2001, as ações do Grupo começaram a ser negociadas na Bolsa de Valores de Madri, sendo que Ortega possui 60% das ações.

A chegada

Estávamos ansiosos, afinal, iríamos conversar com Amancio Ortega, o conhecido bilionário que não dá entrevistas e nem gosta de aparecer em público. Por isso, nos programamos para fazermos o teletransporte mais cedo e chegarmos antes do horário marcado na sede do Grupo Inditex, localizado no município de Arteixo, na província de La Coruña, na região da Galícia, norte da Espanha.

Aproveitamos para circular de maneira virtual pela pequena cidade de Arteixo, com menos de 30 mil habitantes. Apesar de La Coruña ser a capital da Galícia, a cidade mais conhecida é Santiago de Compostela devido ao fato de ser um dos principais destinos mundiais de peregrinação cristã. Lucas já conhecia um pouco a região, porque em 1997 havia feito o Caminho de Santiago de Compostela. Aproveitamos para percorrer virtualmente todo o Caminho, que Evandro não conhecia, até Santiago, onde esteve apenas como turista tradicional, de carro alugado. Lucas, em 2019, havia visitado a própria Inditex para conhecer o conceito do *fast fashion* e o arranjo produtivo da marca Zara na Espanha e em Portugal. Arteixo é uma das maiores renda per capita da Espanha, em virtude da Inditex e das centenas de empresas que constituem este polo têxtil.

A conversa

Inicialmente, uma assessora do Ortega nos recebeu e fez um pequeno *tour* pela empresa, de instalações que podem ser consideradas modestas, mas que apresentavam funcionalidade e tecnologia avançada. Na maioria dos salões e espaços que visitamos, percebemos, na equipe a preocupação com o desenvolvimento de produtos. Conhecemos as lojas padrão montadas dentro da empresa, para testar o Visual Merchandising das coleções que são enviadas semanalmente para cerca de uma centena de países. Também acompanhamos algumas sessões de fotos nos diversos estúdios, com modelos de diferentes etnias, já que a Zara está presente em todos os continentes.

Ao chegarmos à sala de reuniões, ela explicou que a principal marca era a Zara e toda a Inditex tinha como foco o *fast fashion*, ou seja, criar, produzir e vender moda de forma muito rápida. Quando perguntamos como era o comportamento de Amancio Ortega no seu dia a dia, ela respondeu:

— Ele exige muito de você, impõe-se e faz com que você dê sempre o seu melhor. Quem trabalha ao lado dele está sempre aprendendo e progredindo, pois quando ele lhe pede algo, que a princípio parece ser impossível, para sua surpresa você descobre que consegue fazer. Ele confia na equipe e nós também nos sentimos donos da empresa. Ortega nos delega grandes responsabilidades, mas nos sentimos seguros porque sabemos que ele está sempre por perto. Se houver necessidade de alguma orientação ou ajuda, é só acioná-lo.

— Bem, agora preciso levá-los até o Sr. Ortega para que vocês possam conhecê-lo e conversar, disse ela.

Chegamos então a uma sala onde o Amancio Ortega nos esperava e, após as apresentações, ele nos perguntou:

— Vocês tinham avisado que chegariam aqui teletransportados. Quero conhecer melhor essa tecnologia, pois ela poderá ser usada para levar meus produtos para as 8 mil lojas. Seria um ganho incrível de logística, pois sou obrigado a usar aviões, caminhões e trens para abastecer nosso varejo. Como posso ter acesso a essa inovação?

Lucas, que é do ramo, explicou que a tecnologia era experimental e ainda demoraria muitos anos para se tornar realidade em escala mundial. Ortega não pareceu conformado com a resposta, mas não foi adiante, mudou de assunto e nos perguntou:

— Qual foi a percepção que vocês tiveram nessa rápida visita por uma parte das instalações de uma de nossas fábricas?

Evandro respondeu: "fiquei impressionado com o conceito de agilidade em todos os setores em que estivemos, bem como a preocupação com a pesquisa e desenvolvimento dos produtos".

Ortega explicou então a estratégia do *fast fashion* de suas marcas, dizendo que para manter-se líder neste segmento era importante fazer moda rápida a preços acessíveis, investir muito em inovação e ter flexibilidade, pois praticavam o *just in time* em toda a cadeia, como criação, produção e comercialização.

— Ortega, existe um livro cujo título é *Do Zero a Zara*, contando um pouco da sua história. Como foi esse seu começo?

— Aos 13 anos, quando minha mãe foi me buscar no colégio, passamos por um pequeno armazém para comprar alimentos, mas o proprietário nos negou crédito, pois já estávamos devendo muito. Naquele momento, percebi a real dificuldade financeira da nossa família e decidi sair da escola para trabalhar e poder ajudá-los. A dor e vergonha que senti naquela hora acabou sendo um estímulo para eu correr atrás dos meus objetivos. Comecei a trabalhar como vendedor em uma camisaria. Aos 17 anos, fundei a minha própria loja, a GOA, as iniciais do meu nome ao contrário, com um capital equivalente a 20 euros. Apesar do meu negócio ser pequeno, eu sempre me questionava: "por que não ousar e inventar algo diferente de tudo que está no mercado?" Eu sempre fui muito exigente comigo mesmo e também sempre coloquei isso na cabeça das pessoas que trabalhavam comigo.

— E como começou a Zara, que é a sua marca favorita?

Ortega explicou que a marca Zara foi fundada em 1975 e que, inicialmente, o seu nome era Zorba, devido ao filme *Zorba, o Grego*. Porém, teve que mudar o nome para Zara, porque a dois quarteirões da loja existia um bar chamado Zorba. Como ele já havia feito os moldes das letras para a placa, tentou várias possibilidades até chegar ao nome Zara. Atualmente é a marca mais valiosa da Espanha e possui 2.200 lojas no mundo. São criados anualmente cerca de 40 mil modelos e selecionados cerca de 12 mil, que são lançados. A fábrica, em Arteixo, produz somente a marca Zara que é voltada para mulheres de classe média. Depois criaram a marca Pull & Bear, oferecendo roupas usuais para um público jovem, de menos de 25 anos de idade. Aí, compraram a marca Massimo Dutti, voltada para consumidores da classe média alta de ambos os sexos. A partir de um portfólio de várias marcas lançadas posteriormente, a Inditex conseguiu atingir vários tipos de públicos-alvo.

— Ortega, nós percebemos um alto astral na equipe, todos trabalhando muito, porém sorridentes. Como você conseguiu isso?

— Sempre digo a meus gestores que nós precisamos gostar das pessoas que trabalham conosco. Também precisamos cuidar delas, pois assim farão o máximo que puderem. É importante pedir as coisas com carinho e afeição. Quando eu termino uma reunião, alguns da minha equipe dizem: "Ortega, preocupe-se em tomar conta de nós e nós tomaremos conta da empresa. Na vida, quando você se dedica a fazer o que acredita, você vai atingir o sucesso. As pessoas precisam gostar do que fazem. Por isso, sempre tentei encontrar o lugar mais adequado para cada pessoa dentro da organização. Quando contrato gerentes para as funções estratégicas, tento descobrir se seus valores são adequados à Inditex. O que mais solicito é o senso de comprometimento e, principalmente, decidir e executar ações com rapidez, independentemente do cargo. Um problema, quando é detectado, deve ser resolvido sem atrasos."

— Você sempre cita agilidade e pontualidade. Por quê?

— Eu gosto de ser pontual, disse Ortega. Para mim, a pontualidade não é só algo que herdei do meu pai, é porque o tempo é mais valioso do que parece ser, para outras pessoas. Acho que fazer alguém esperar, independentemente de quem seja, é falta de educação, pois indica que você não está valorizando o tempo ou a pessoa que está esperando por você. Não temos o direito de fazer os outros perderem tempo por nossa causa. Quanto à agilidade, vou dar um exemplo. Após o atentado de 11 de setembro de 2001, as lojas de New York estavam com vitrines alegres e coloridas e começaram a amargar perdas substanciais, já que os clientes queriam roupas sóbrias devido ao clima pós-tragédia. Em apenas duas semanas, época de luto em New York e no mundo, a Zara lançou uma nova linha na cor preta que se tornou sucesso de vendas.

— Ortega, qual é a estratégia de estilo e comunicação da marca Zara que a torna tão desejada em todo o mundo?

Ele nos olhou, pensou um pouco e disse:

— É uma série de fatores. Com relação ao estilo e produto, as lojas de todo o mundo recebem um a dois lançamentos por semana, nós temos informações diárias das lojas que norteiam o desenvolvimento de nossos designers, fazemos cocriação junto aos consumidores e nossa equipe pesquisa moda em todo mundo. Quanto à comunicação, gastamos pouco, algo em torno de 0,3% do nosso faturamento, enquanto os concorrentes diretos investem cerca de 4%. O nosso diferencial é que preferimos investir um alto valor inicial na localização das lojas, para que sejam bem visíveis, em locais de alto fluxo do público-alvo. Para nós, não existe ponto caro ou barato, existem pontos que vão dar certo ou errado. Porém, quando fazemos liquidações, investimos em publicidade.

— Ortega, você já tem uma certa idade. Como está o seu ritmo de trabalho na empresa?

— Eu tenho um excelente CEO, o Pablo Isla, que já foi considerado um dos três melhores do mundo. A sua grande habilidade é resolver qualquer problema como se fosse a coisa mais natural do mundo. Eu não gosto mais da operação e o meu foco são as estratégias importantes; procuro deixar a equipe decidir como irão colocar em prática. Eu gosto muito de andar pela empresa, principalmente na área de *design*, pois fico fascinado observando o trabalho dos estilistas. Gosto muito de ouvir a opinião das pessoas sobre a marca Zara, principalmente sobre produtos. Eu continuo trabalhando bastante e meus funcionários se espelham na minha dedicação e no meu comprometimento com o trabalho. Sou ambicioso e quero continuar a crescer. Sem crescimento, uma empresa morre.

— Como é a sua gestão corporativa e o processo decisório interno?

— Eu atuo na estratégia, delego responsabilidades para toda a equipe e, além de permitir, os incentivo a tomarem as decisões. As funções que têm preferência na hora de decidir são aquelas cujo contato com público-alvo é maior, ou seja, quem conhece melhor os consumidores finais. Eu sempre ouço as pessoas, principalmente onde conheço pouco e não me sinto seguro. Se consegui atingir algo na minha vida é porque eu acreditei na minha fórmula e milhares de pessoas também confiaram em mim e acreditaram. É importante estar em paz consigo mesmo, ter pensamento positivo e transmitir otimismo a todos. Porém, é essencial sempre criar algo novo, inventar algo diferente.

— Que tal mudar de assunto? Quais são as suas atividades de lazer?

— Como minha empresa fica na Galícia, procuro anualmente fazer, a pé, o Caminho de Santiago de Compostela, com trechos de até 300 km. Fazendo o caminho, é possível mudar a forma de ver as coisas e focarmos naquilo que é verdadeiramente importante. É um profundo processo de autorreflexão, andando e observando a natureza. Também gosto de aproveitar o verão europeu e navegar pelos portos e praias da Galícia, minha terra.

— Ortega, vimos muitas teses de graduação e mestrado, em vários países, sobre o conceito do *fast fashion* da Zara. Você considera sua empresa realmente um grande diferencial do mercado?

— Realmente, a experiência da Zara é utilizada por universidades do mundo inteiro nas teses de graduação, pós-graduação, mestrado e doutorado. Na maior parte destes países, os temas são inovação, empreendedorismo, logística, estilo, finanças e outros conteúdos empresariais. Creio que o nosso pioneirismo em inovar conceitos de moda atraem interesses.

— Existiram denúncias de trabalho escravo da empresa Zara em fornecedores do Brasil. Como foi isso?

— Esse assunto é realmente preocupante, mas aconteceu muitos anos atrás com uma empresa terceirizada, e nós resolvemos rapidamente. Atualmente, nossa governança corporativa é mais rigorosa e não temos tido mais problemas deste tipo.

Ortega levantou-se e olhou discretamente para um relógio na parede. Percebemos então que este era o sinal de que o tempo da conversa havia terminado.

Dicas de Amancio Ortega

1. Coloque o cliente no centro de todas as escolhas estratégicas. Assim, os seus clientes irão se tornar verdadeiros *influencers*.

2. Acredite na cultura da tentativa e erro. Nenhum sucesso chega sem um fracasso anterior.

3. Alimente o debate na empresa. Antes de decidir ouça as pessoas.

4. Conheça todo o fluxo produtivo do seu negócio, inclusive as diversas etapas, do desenvolvimento do produto à comercialização.

5. Não tenha medo de investir quando necessário, principalmente se for o ponto de uma loja de varejo.

6. Aposte na publicidade, mas com certas ressalvas. Procure sempre novas alternativas.

7. Para uma empresa crescer, é necessário arriscar. Se uma empresa não cresce, ela morre.

8. Por melhor que sejam os resultados, analise o que pode ser melhorado. Busque excelência.

9. Preocupe-se com redução de custos, mas não reduza custos que possam impedir a conquista de novos clientes.

10. As informações da empresa precisam estar disponíveis para todas as áreas, em qualquer lugar e em todo momento.

11. Ao identificar um problema, seja ágil na análise, decisão e correção.

12. Cuide com afeição e carinho dos seus colaboradores, que eles cuidarão da empresa.

13. A rua é uma grande passarela. A verdadeira tendência está na rua.

14. Não vale a pena ser empresário só para ser rico.

CAPÍTULO 11

Reed Hastings
Netflix

"Não tente agradar ao seu chefe, procure fazer o melhor para a empresa."

Quem é Reed Hastings

Wilmot Reed Hastings Jr. nasceu em Boston, Massachusetts, em 8 de outubro de 1960. Filho de um advogado, estudou em uma escola particular. Cresceu e tornou-se um jovem inteligente e aventureiro. Dirigiu o Outing Club, onde organizava viagens de escalada e canoagem. Após o colégio, vendeu aspiradores de porta em porta por quase um ano. Entrou no Corpo de Fuzileiros Navais e mais tarde foi para o Corpo da Paz, uma Agência norte-americana que apoia os países em desenvolvimento. Ensinou Matemática no ensino médio em Suazilândia, na África, de 1983 a 1985.

Depois de voltar do Corpo da Paz, Hastings passou a frequentar a Universidade de Stanford: "Eu não entrei na minha primeira opção, que era o MIT, mas fui aceito em Stanford", disse ele. Formou-se em 1988 com um mestrado em Ciência da Computação.

O primeiro emprego de Hastings foi na Adaptive Technology, onde ele inventou uma ferramenta para depurar *software*. A partir dela, ele aprendeu a importância do foco. Aprendeu que é melhor fazer um produto bem feito do que dois produtos mal feitos. Deixou a Adaptive Technology em 1991 para fundar sua primeira empresa, a Pure Software, especializada em produtos para solucionar problemas de *software*. A empresa cresceu de forma rápida e foi algo desafiador, pois ele não tinha experiência de gestão. Disse que só foi aprender mesmo quando Morgan Stanley levou a empresa para a Oferta Pública, em 1995.

Ele é casado com Patricia Ann Quilin e tem dois filhos. O casal, de forma discreta, participa de atividades filantrópicas e atua em várias causas humanitárias. Segundo a *Forbes*, ele é uma das pessoas mais ricas do mundo e sua fortuna é estimada em US$ 5,1 bilhões.

O que é a Netflix

Em 1997, Hastings e Marc Randolph, que deixou a empresa em 2004, cofundaram a Netflix, oferecendo aluguel de filmes pelo correio por uma taxa fixa para clientes nos Estados Unidos. Com sede em Los Gatos, Califórnia, a Netflix acumulou, na época, uma coleção de 100 mil títulos e mais de 44 milhões de assinantes.

Hastings expandiu a Netflix por meio de parcerias com estúdios de cinema e campanhas de marketing agressivas, enfatizando o catálogo da Netflix de filmes independentes, documentários e outros filmes que não estavam facilmente disponíveis em outros serviços. Em fevereiro de 2007, a Netflix vendeu seu bilionésimo DVD. Enquanto isso, a empresa lançou aplicativos que permitiam aos clientes acessar filmes e programas de TV por meio de *downloads* de *streaming*.

Atualmente, mais de 190 países, em 30 idiomas, têm acesso à plataforma e a empresa foca investimentos em produções originais. Em 2018, a empresa, com mais de cinco mil funcionários, ultrapassou a The Walt Disney Company e se tornou a empresa de entretenimento com maior valor de mercado do mundo, cerca de 153 bilhões de dólares. O crescimento, em

2020, foi de cerca de 25% e seu valor no mercado, em 2021, é de 225 bilhões de dólares. Seus principais concorrentes são a Amazon, Disney, AT&T e Apple. Na premiação Oscar 2021 teve 35 indicações e recebeu sete estatuetas, sendo o estúdio mais premiado do ano. No Prêmio *Emmy* realizado em setembro de 2021, a Netflix foi a líder e recebeu 44 estatuetas, sendo que as suas concorrentes HBO e HBO Max, em segundo lugar, obtiveram 19 troféus.

A chegada

Entrevistas no Vale do Silício já nos são costumeiras, afinal, ali é o epicentro da inovação, com muitas *startups* e empresas globais de tecnologia como Apple, Facebook e Google. Fica na parte sul da Baía de São Francisco, na Califórnia. Não foi preciso nem programar o teletransporte, pois ele já sabia o caminho. A sede da Netflix em Los Gatos fica a alguns minutos da Universidade de Stanford. Los Gatos é uma pequena vila de trinta mil habitantes que os brasileiros conhecem muito bem, pois a Seleção Brasileira ficou sediada ali na Copa do Mundo de Futebol de 1994. Inclusive enfrentou a Seleção Norte-Americana no Estádio Stanford, tendo vencido por 1x0.

O nosso entrevistado é natural de Boston, mas não conseguiu entrar no MIT (Massachusetts Institute of Technology), acabou se graduando em Stanford e por lá montou seu negócio. Como um *streaming* de *bits*, chegamos rapidamente à empresa, diretamente na antessala modesta, como o estilo do nosso entrevistado.

A conversa

Hasting não tem escritório na sede da Netflix, pois gosta de ficar circulando de mesa em mesa. Porém, quando precisa de uma pausa, segue para o "inferno nas alturas", uma sala quadrada isolada, construída no telhado do prédio principal da empresa. Foi lá que ele nos recebeu. Depois dos cumprimentos, já foi nos dando informações sobre a operação da Netflix no Brasil.

— Crescemos muito no Brasil. Em 2018, tínhamos oito milhões de assinantes e, em julho de 2020, já estávamos com 17 milhões. Há a previsão de que podemos ultrapassar a Globo em faturamento em 2022, e olha que ela é uma potência na terra de vocês.

Olhamos um para a cara do outro espantados, mas acreditando que fosse verdade, porque nós mesmos éramos assíduos frequentadores das séries.

— Merecido, o serviço é de ótima qualidade. Ótimas séries, documentários e filmes, por isso viemos aqui para saber um pouco mais dessa história de sucesso.

— Hasting, a que você atribui o seu espírito empreendedor?

— O meu tempo no Corpo da Paz contribuiu muito. Quando você já pegou carona por toda a África com dez dólares no bolso, começar um negócio não mete medo.

— Quando você deixou de ser só engenheiro e se transformou em gestor? Como foi a transição?

— A minha primeira empresa, a Pure Software, cresceu muito rapidamente, indo de 10 para 640 funcionários, e descobri que eu estava sem controle da situação. A minha formação de engenharia não me tinha preparado para os desafios de ser um CEO, e pedi ao conselho que me substituísse. Eu tentei me demitir duas vezes porque estava perdendo a confiança. O conselho recusou e tive que aprender a ser um homem de negócios. Mas só completei mesmo a transição quando abrimos capital na bolsa.

— No início do ano 2.000 vocês tentaram negociar a venda da Netflix para a Blockbuster. Por que essa ideia?

— A Blockbuster era uma potência com 60 mil funcionários e nove mil locadoras em todo o mundo. Marc Randolph e eu tínhamos apenas uma pequena *startup*, há apenas dois anos, que permitia às pessoas escolherem DVDs em um site, recebendo-os pelo correio. Tínhamos só 100 funcionários e meros 300 mil assinantes. Apenas naquele ano, nossas perdas totalizaram 57 milhões de dólares. Estávamos ansiosos para fechar um acordo e tentamos, durante meses, fazer com que o Antioco, CEO da Blockbuster respondesse às nossas ligações.

— E conseguiram falar com ele?

— Finalmente conseguimos uma reunião. Sugerimos que a Blockbuster comprasse a Netflix para que, em seguida, desenvolvêssemos o Blockbuster.com, com seu braço de aluguel de vídeos online. Ele ouviu com atenção, parecendo concordar, e perguntou quanto a Blockbuster teria de pagar pela Netflix. Quando falamos em 50 milhões de dólares ele recusou, sem mais conversa. Por que uma potência como o Blockbuster precisaria de nós? Por que não poderia desenvolver isso sozinha?

— E o que aconteceu depois? Como a Netflix se firmou no mercado?

— Em 2002, dois anos depois daquela reunião, abrimos o capital da Netflix. Apesar do nosso crescimento, a Blockbuster ainda era 100 vezes maior do que nós. Todavia em 2010, a Blockbuster declarou falência. Ela não conseguiu migrar do aluguel de DVDs para o *streaming* de vídeo.

— Como a Netflix virou também produtora de conteúdo e não apenas distribuidora de vídeos?

— Há muito tempo, saímos de um negócio de DVDs por correio para nos tornarmos não apenas um serviço de *streaming* com cerca de 200 milhões de assinantes em 190 países, mas a produtora dos nossos próprios filmes e séries de TV para o mundo todo. Em 2013, estreou *House of Cards*, a maior aposta de investimento da Netflix até o momento, o primeiro grande conteúdo original, inclusive em produção. Foram 100 milhões de dólares para duas temporadas de 13 episódios cada. Nem precisa falar que deu certo, né? Foi a primeira série feita para o meio online que recebeu indicações nas principais categorias do Emmy, ganhando seis ao todo, além de dois Globos de Ouro. Em 2019 finalmente nosso filme *Roma* foi indicado na categoria de melhor filme e ganhou três Oscars, coroando nossa transformação em uma empresa de entretenimento completa. E agora, em 2021, fomos o estúdio vencedor ,com sete Oscars.

— Por que você acha que a Blockbuster não conseguiu se adaptar às mudanças, como vocês fizeram?

— Acho que nós tínhamos uma coisa que a Blockbuster não tinha: uma cultura que colocava as pessoas acima dos processos, que enfatizava mais a inovação do que a eficiência e que mantinha pouquíssimos controles. A Netflix é diferente. Temos uma cultura em que a regra é não ter regras.

— E como você vê o futuro da Netflix?

— Vejo a televisão pela internet como futuro. Penso que uma grande parte das pessoas irá assistir a filmes em *laptops*, mas não nos *laptops* de hoje. As telas vão melhorar muito, a comunicação também e os mais jovens estão vivendo em *laptops*, assistindo ao nosso *streaming* ali, de preferência. É a TV portátil.

— Como é a cultura Netflix, o "Netflix way"?

— No meu livro *A Regra é não ter Regras* eu comparo a cultura da empresa com um time profissional de esportes. Aliás, vocês já leram?

— Claro, antes de vir conversar, lemos muito sobre você e a Netflix.

— Ótimo! Em um time profissional, um se esforça pelo outro, mas não derrama lágrimas quando um colega é descartado em favor de uma melhoria na equipe. Para ter um time vencedor, temos que manter os artistas de alto desempenho.

— A Netflix tem uma maneira bem diferente de praticar o *feedback* de avaliação de funcionários. Como funciona? Não gera problemas de convivência?

— Todos na Netflix devem dizer exatamente o que pensam. As pessoas, normalmente, fazem muitos rodeios e, com isso, a qualidade do trabalho cai. Alguns estranham, mas depois se acostumam. É parte da nossa cultura de alto desempenho. Na Netflix, deixar de falar quando você discorda de um colega ou tem um *feedback* que poderia lhe ser útil é o mesmo que ser desleal com a empresa, afinal, você poderia ajudar os negócios, mas está optando por não fazer isso. É preciso que seus funcionários abandonem anos de condicionamento e costumes enraizados como "Dê *feedback* apenas quando alguém pedir" e "Elogie em público, critique em particular". As pessoas querem ajudar, mas não querem magoar. Aqui a gente quer ajudar, mesmo que signifique magoar, de vez em quando.

— E é verdade que vocês não têm política de férias e nem de despesas? Cada um resolve como quiser?

— Verdade! Aqui é liberdade com responsabilidade. Pagamos sempre os melhores salários do mercado, queremos uma densidade de talentos. Com gente desse nível, não dá para ser diferente.

— A cultura da Netflix é de dar bastante liberdade a equipe para que esta tome as decisões. Como vocês lidam com os eventuais erros que acontecem?

— Vou dar um exemplo. Tempos atrás, uma determinada profissional fez uma aposta ousada em um projeto que foi um fracasso. O que ela fez? Imediatamente compartilhou com toda a empresa o que deu errado e o que ela aprendeu com o erro. Ela foi demitida? Não! Em dois anos, depois desse episódio ela foi, inclusive, promovida duas vezes. Quando você ilumina suas apostas erradas, todos ganham. Você vence porque as pessoas aprendem que podem confiar em você ao dizer a verdade e assumir a responsabilidade por suas ações. A equipe vence porque aprende com as lições que saíram do projeto. E a empresa ganha porque todos veem, claramente, que as apostas malsucedidas fazem parte de uma roda de sucesso inovadora.

— Você, além de empreendedor, é também um filantropo e, inclusive, já se comprometeu a doar mais da metade da sua fortuna e investir em educação para famílias carentes. Já pensou em entrar para a política?

— Por um certo tempo, tentei me dedicar à política, porém não deu certo. Eu amo os negócios, amo competir, amo enfrentar meus concorrentes Disney e a HBO. Isso me mantém em movimento e aumenta o valor da Netflix, o que permite que eu possa ajudar mais escolas. Para mim, essa é a vida perfeita!

— Você participa do conselho de outras empresas?

— Sim. Já fui conselheiro da Microsoft. Atualmente atuo também em algumas entidades e ONGs. Sou conselheiro do Facebook e mal sabiam eles que eu achava o aplicativo ridículo quando ouvi falar sobre ele em 2005, disse ele rindo. O Mark Zuckerberg é uma ótima pessoa.

Com a mesma desenvoltura que pratica a verdade com os funcionários, Hastings pediu para encerrar a entrevista porque já tinha uma lista de atividades a cumprir. Assim, nos despedimos e partimos para o nosso teletransporte de volta.

Dicas de Reed Hastings

1. Um ou dois indivíduos com desempenho meramente razoável reduzem o desempenho de todos na equipe.
2. Pessoas com alto desempenho prosperam especialmente em ambientes em que a densidade de talentos é alta.
3. Não há nada mais emocionante do que a pressão do relógio e a recompensa de terminar em questão de horas um projeto que deveria levar dias.
4. O melhor programador não vale dez, mas cem vezes mais que um programador mediano.
5. Para manter os funcionários de ponta, é sempre melhor conceder o aumento antes que eles recebam a oferta.
6. Sempre tento ir ao espaço de trabalho da pessoa com quem estou tratando em vez de fazê-la vir a mim.
7. Só fale de uma pessoa aquilo que você diria na cara dela.
8. Ofereça *feedback* a qualquer hora, em qualquer lugar.
9. Confiar nas pessoas vale o risco, pois compartilhar informações importantes com a equipe gera um sentimento de comprometimento.
10. Defenda sempre a ideia brilhante que o seu chefe não gostou.
11. O marketing pode amortecer as fraquezas do negócio. A maioria das pessoas tenta consertar o produto, o que é bom. O marketing inteligente é pegar o produto que você tem e descobrir o posicionamento certo.

12. Mire um nicho específico no mercado e concentre-se nele. Não tente agradar a todos os consumidores.
13. Administre sua empresa como uma equipe que precisa ganhar o campeonato e não como uma família, onde existe a proteção.
14. É importante aprender com os erros. Fale suavemente e seja humilde nas vitórias, mas fale alto sobre os fracassos.
15. Não diga aos funcionários o que eles têm que fazer. Compartilhe os contextos e inspire para que eles sonhem, pensem grande e fora da caixa.
16. Eu sempre lembro à nossa equipe que estamos bem em comparação a cinco anos atrás, mas ruins quando pensamos nos próximos cinco anos.

CAPÍTULO 12

Bill Gates
Microsoft

"Os líderes do futuro serão aqueles que favorecem o desenvolvimento de todos os outros."

Quem é Bill Gates

William Henry Gates III, conhecido como Bill Gates, nasceu no dia 28 de outubro de 1955, em Seattle, no estado de Washington, nos Estados Unidos. O seu pai, William H. Gates, era advogado e sua mãe, Mary Gates, uma professora universitária e executiva de empresas e bancos. Ele e suas duas irmãs estudaram nas melhores escolas de sua região. Foi admitido na Universidade de Harvard, mas abandonou os cursos de Matemática e Direito para se dedicar à fundação e gestão da Microsoft.

Trabalhou até os 16 anos com desenvolvimento de *software* básico para fliperamas. Aos 17 anos, com seu amigo e sócio Paul Allen, desenvolveu um novo *software* e criou uma empresa. Porém, os clientes desistiram do negócio quando souberam a idade dos donos. Atualmente Bill Gates é um dos homens mais ricos do mundo, tendo estado por vários anos no primeiro lugar, apesar de sempre fazer muitas doações para obras de caridade. Casou-se com Melinda Gates, em 1994, e teve três filhos. Agora, em 2021, anunciaram o divórcio.

Apesar de ser um empresário e investidor, tem dedicado seu tempo à filantropia. Em 1998, com 43 anos, promoveu seu amigo Steve Ballmer à presidência da Microsoft. Em 2020 saiu definitivamente da Microsoft para se dedicar a Fundação Bill & Melinda Gates, cuja missão é desenvolver trabalhos relacionados à saúde e educação mundial. Tem feito campanhas, com os bilionários norte-americanos, para investirem parte significativa de suas fortunas em filantropia. Quando era Conselheiro da Microsoft trabalhava um dia por semana avaliando os seus projetos estratégicos.

O que é a Microsoft Corporation

A Microsoft Corporation foi fundada por Bill Gates e Paul Allen em 4 de abril de 1975. É uma empresa transnacional com sede na pequena cidade de Redmond, no estado de Washington, que desenvolve, fabrica, licencia, apoia e vende *softwares* de computador, produtos eletrônicos, computadores e serviços pessoais. Alguns dos seus produtos são: Sistema Operacional Windows, a rede social LinkedIn, Skype, os aplicativos Office, o navegador Internet Explorer, consoles de videogame Xbox, *tablets* Surface e os *smartphones* Microsoft Lumia, antiga Nokia. É a maior produtora de *softwares* do mundo por faturamento.

Em 1997, a Microsoft anunciou a compra de 150 milhões de dólares em ações da Apple, que estava em dificuldades financeiras. A intenção foi manter sua principal concorrente funcionando e afastar qualquer possível acusação de monopólio. Em 2021, a Microsoft era uma das três empresas mais valiosas do mundo, com 166 mil funcionários e mesmo durante a pandemia, seu valor de mercado continuou crescendo, atingindo US$ 1,6 trilhão.

Em 1979, no início da operação da Microsoft, Bill Gates convenceu Steve Jobs a deixá-lo participar do desenvolvimento do computador da Apple. A parceria, porém, não deu certo.

Em 2015, Bill Gates começou a alertar pessoas e governos sobre uma possível pandemia no mundo. Com a chegada da Covid-19, Bill Gates e a Microsoft fizeram doações para laboratórios e empresas envolvidas no desenvolvimento de uma vacina contra o coronavírus.

A chegada

Programamos o nosso teletransporte para Seattle, nos Estados Unidos. O nosso destino era a Fundação Bill e Melinda Gates, em Richmond, pequena cidade a 20 km de Seattle, onde seríamos recebidos por Bill Gates, fundador da Microsoft. Já havíamos estado recentemente nesta cidade portuária, quando viemos entrevistar Jeff Bezos, da Amazon. Aproveitamos e fizemos um sobrevoo virtual pela própria Microsoft e por outras importantes empresas.

Seattle tem 750 mil habitantes, mas quando se avalia a Região Metropolitana, chega a quatro milhões de pessoas. Já foi classificado como a primeira "cidade mais inteligente" dos Estados Unidos com base em suas políticas governamentais e economia verde.

Chegamos diretamente à antessala de Bill Gates e a sua secretária agradeceu a nossa pontualidade. Ela enfatizou:

— Bill Gates é muito pontual. Ele diz que o tempo é a única *commodity* que ele não pode comprar, sendo um recurso limitado, pois o dia dele só tem 24 horas.

A conversa

Quando entramos na sala, ele estava em pé e pediu para nos sentarmos e aguardarmos um pouco. Como a sala era grande, ele andava em silêncio de um lado para o outro. Depois de alguns minutos, sentou-se e pediu desculpas. Justificou que estava pensando em um problema complexo e o andar aumenta a sua criatividade, além de ajudá-lo na busca de soluções. Ficou curioso com o nosso teletransporte e disse que, da próxima vez, poderemos usar a plataforma Mesh, de realidade mista, que está em desenvolvimento na Microsoft. O objetivo é que pessoas, em lugares diferentes, possam ter a sensação de compartilhar um espaço, mesmo sem estar efetivamente no mesmo lugar, com hologramas de corpo inteiro.

Agradecemos a sugestão e combinamos de usá-la da próxima vez, mas como sabíamos que ele era objetivo e gostava de ir direto ao assunto, iniciamos nossas perguntas:

— Bill, como foi a sua infância e juventude? Quando você percebeu a sua habilidade neste segmento de informática, ou melhor, *softwares*?

— Eu tive uma infância confortável porque meus pais eram profissionais bem remunerados. Estudei em boas escolas, tinha facilidade para aprender. Tirava boas notas e vencia campeonatos de Matemática. Minha irmã mais velha dizia que eu era diferente, mas não me sentia assim, apenas era introvertido e gostava de ficar trancado no meu quarto estudando, pois tinha pouca paciência para conversar com pessoas que não me entendiam. Minha mãe não conseguia me compreender e eu também não a compreendia. Porém, com três meses de terapia, nos acertamos. Eu fazia acampamento de férias com meus pais e havia muitos jogos. Eu participava de todos e queria ganhar, pois era muito competitivo. Meus pais sempre me levavam a eventos sociais, pois queriam que eu me relacionasse mais com as pessoas. No entanto, no colégio, meu apelido era "Garoto Feliz", porque eu sorria o tempo todo. Aos 13 anos passei a dormir fora de casa para usar os computadores da universidade. Quando era adolescente, trabalhei com desenvolvimento de *softwares* até os 16 anos. Aos 17 anos, meu amigo Paul Allen e eu criamos uma empresa, mas os clientes desistiram quando descobriram nossas idades. Então, passamos a fazer programação para escolas. Ah, deixa eu esclarecer uma coisa. As brigas com minha mãe era porque ela achava que eu devia estudar menos, ter mais amigos e ser sociável. Apesar das nossas divergências, ela foi um grande referencial para mim.

— E como começou a Microsoft?

— Aos 17 anos fui estudar em Harvard, e o meu amigo Paul Allen estava na Universidade de Washington. Enquanto estudávamos, desenvolvemos um interpretador da linguagem BASIC para o computador pessoal — o Altair 8800. Nós trabalhávamos em casa, em nossos próprios computadores, e eu decidi abandonar a Faculdade, sendo que o Paul também já havia abandonado. Em 1975, criamos então a Microsoft, sendo que o nome escolhido era a fusão das iniciais das palavras *microcomputer* e *software*. Hoje, algumas pessoas dizem que eu fui um visionário, pois quis trabalhar com *software* e não com *hardware*. No fundo, Paul e eu resolvemos colocar a nossa paixão comum por computadores em uma empresa, cujo trabalho a ser realizado por nós era referente a algo de que gostávamos e tínhamos facilidades.

— Você é acusado de, no passado, exigir demais dos seus funcionários. Como é a sua relação com sua equipe?

— Eu sempre trabalhei muito, pois é uma coisa que amo fazer. Estava acostumado a virar noite trabalhando para conseguir atingir as metas, dormindo no chão da minha sala. Não tinha férias nem fim de semana. Costumava brincar dizendo que o emprego na Microsoft era de meio período, ou seja, você trabalhava 12 horas e nas outras 12 horas o funcionário estava livre para fazer o que quisesse. Eu sempre trabalhei muito e achava que um profissional, para se desenvolver e crescer, também deveria trabalhar muito. Com o aumento do valor das ações da Microsoft, temos hoje milhares de funcionários que se tornaram milionários ou bilionários, pois demos a oportunidade de adquirirem ações da companhia. Sei que sou considerado um *workaholic*. Continuo adorando trabalhar.

— Tempos atrás você fez um discurso rápido para jovens que estavam entrando na Universidade da Califórnia. Quais foram os conselhos principais?

— Realmente foi muito rápido, apenas cinco minutos. Disse a eles que precisavam se acostumar, pois a vida não é fácil, que se eles achavam que seu pai e professor eram rudes, quando tivessem um chefe este não teria pena deles. Alertei para não culpar ninguém pelos seus fracassos, não lamentar os erros e aprender com eles. Lembrei também sobre a importância de lutar contra as injustiças para termos um mundo melhor, mas que antes de querer salvar o planeta, eles teriam que arrumar o seu próprio quarto. Alertei-os que o trabalho durante as férias não reduz a posição social, e que é uma grande oportunidade para eles adquirirem experiência. E que na vida real, as pessoas têm que deixar o barzinho ou a boate e ir trabalhar. Espero tê-los ajudado a refletir! Em outros eventos eu sempre digo: “Se eu consegui, você também consegue”.

— E como você está criando os seus três filhos neste mundo tecnológico?

— Eu tenho três filhos: Jennifer Katharine, com 25 anos, Rory John, com 22 anos e Phoebe, com 18 anos. Antes de entregar-lhes *smartphones* e *tablets* eu os ensinei a ler livros. Até os 14 anos, os três não tinham o próprio celular e reclamavam que as outras crianças já tinham. Melinda e eu utilizamos um método chamado "Amor e Lógica" para educá-los, que se baseia em exercer o controle emocional, minimizando reações mais explosivas como gritar e reprimir. Se os pais gritam e brigam por qualquer razão, a chance da criança reproduzir isso quando virar adulto aumenta muito. Também evitamos dar recompensas, mas sim demonstrar amor incondicional e admirá-las por quem são. Acreditamos que os nossos filhos devem trabalhar e compreender a importância do trabalho. Nós decidimos deixar nossa fortuna, atualmente acima de 100 bilhões de dólares, para a filantropia. Nossos filhos terão acesso a uma educação de elevada qualidade que vai lhes permitir iniciar suas próprias carreiras. A parte que ficará em dinheiro, cerca de dez milhões de dólares, pode ser considerada uma parte ínfima do total. Porém, eles nunca irão ficar mal e deixar-lhes uma fortuna desse nível não lhes fará bem. Eles se sentiram orgulhosos dessa nossa decisão.

— Você e sua esposa Melinda criaram uma instituição filantrópica. Qual foi o objetivo?

— Nós criamos a Fundação Bill e Melinda Gates no ano de 2000, com sede em Seattle. Nós temos escritórios em vários países do mundo como Inglaterra, China, Índia, Etiópia, Nigéria e outros. Nosso objetivo foi nos unirmos a diversos parceiros em todo o mundo para enfrentar problemas difíceis como extrema pobreza, problemas de saúde e falhas no sistema educacional. A Fundação financia ideias inovadoras que possam remover barreiras para atingir nossos objetivos. Alguns projetos até podem falhar, pois estamos fazendo apostas em soluções promissoras que governos e empresas não podem pagar. Alguns projetos visam ajudar pequenos agricultores na África, elaborar pesquisas para prevenção e tratamento da AIDS, desenvolver vacina barata para o Covid, erradicar a poliomielite (paralisia infantil) e outros. Atualmente investimos cerca de cinco bilhões de dólares por ano. Muitas pessoas contribuem, sendo que boa parte vem do meu amigo, o investidor Warren Buffett. Um detalhe, o Warren Buffet, o Mark Zuckerberg do WhatsApp/Facebook e eu nos comprometemos a doar, no mínimo, 50% de nossas fortunas para a filantropia. Já contamos com dezenas de adesões de outros empreendedores bilionários.

— Bill, qual é o seu conceito de espiritualidade e religião?

— Educamos nossos filhos de forma religiosa, frequentando a Igreja Católica, com Melinda. Faz sentido crer em Deus, porém não sei até que ponto impacta nas decisões a serem feitas na vida de cada um. Hoje a ciência ocupa lugares que antes eram ocupados pela religião, mas a beleza do mundo é impressionante e não há explicação sobre como se tornou assim. Os padrões morais e o cristianismo ensinam e nos inspiram a trabalhar de forma a reduzir a desigualdade social no mundo. Melinda também se dedica ao trabalho na comunidade, para ajudar os mais necessitados.

— Bill, você e Paul Allen fundaram, juntos, a Microsoft. Como foi o relacionamento de vocês?

— Conheci Paul Allen quando eu estava na sétima série e minha vida mudou, pois de forma imediata o admirei. Ele estava dois anos à minha frente na escola, era alto e mostrou ser um gênio com computadores. Depois ele teve uma barba bacana que eu nunca consegui ter, disse rindo. Nós passávamos nossas horas livres mexendo com máquinas. À noite, enquanto os outros garotos iam para as festas, nós íamos usar os computadores da Universidade de Washington. Quando eu estava em Harvard, estudava e ele trabalhava. Um dia ele veio me buscar para ver uma banca de revista e mostrou a capa da *Popular Electronics* com um computador Altair 8800. Tínhamos que aproveitar esta oportunidade. Então larguei a faculdade e começamos a Microsoft. Paul tinha uma mente de longo alcance e um talento especial para explicar assuntos complexos de uma maneira simples. Em 1982, foi diagnosticado com linfoma de Hodgkin, um câncer, que foi curado. Ele, porém, não voltou mais para a gestão da Microsoft e começou a se distanciar da empresa. Ele era um grande filantropo e ajudou muitas entidades. Quando jovens, nós éramos amigos íntimos e, com o passar do tempo, nos tornamos amigos cordiais. Infelizmente, ele morreu prematuramente em 2018, aos 65 anos, pois lutava contra um câncer.

— Bill, você sempre esteve ligado à tecnologia, porém a imprensa noticiou agora, em 2021, que você é o maior dono de terras rurais dos Estados Unidos. Por que você está comprando terras agrícolas?

— O setor agrícola é muito importante para o planeta. Meu grupo de investimentos fez essa escolha e está focando na ciência de sementes e no desenvolvimento de biocombustíveis. Com sementes mais produtivas, podemos evitar o desmatamento e ajudar a África a lidar melhor com as dificuldades climáticas. Temos propriedades em 18 estados. Em 2008, a Fundação Bill e Melinda Gates investiu 306 milhões de dólares em subsídios para promover uma agricultura de alto rendimento entre os pequenos agricultores na África e Ásia. Eu continuo engajado na questão ambiental e, inclusive, estou escrevendo um livro sobre o tema, cujo título provisório é *Como evitar um Desastre Climático.*

— Bill, sabemos que você tem um cérebro privilegiado, tanto é que, quando foi para Harvard você atingiu 1.590 pontos, dos 1.600 possíveis. Como é que você resolve os grandes problemas que normalmente enfrenta?

— Eu leio muito, com rapidez, cerca de 150 páginas por hora e consigo manter na memória um percentual elevado das informações. Adoro trabalhar e o trabalho é a minha vida. Quando tenho um problema, faço duas perguntas para mim e para a equipe: Quem tem lidado bem com este problema? O que podemos aprender com eles? É importante conhecer as experiências dos outros para retirarmos algumas lições, pois temos que ser eternos aprendizes. Grandes problemas normalmente não têm soluções de curto prazo, portanto, evite exigir resultados imediatos. É muito bom reunir pessoas diferentes, pois problemas complexos requerem habilidades diferentes para poderem ser resolvidos, o que só é possível com pessoas de realidades distintas. Também é fundamental não perder o foco para obter a solução. Eu gosto de pensar, andando e fazendo longas caminhadas, perto da natureza. Realizo duas "Think Weeks" por ano, ou seja, a cada semestre eu me isolo por uma semana, em uma casa afastada no meio de um parque e levo muitos livros, artigos e projetos para eu refletir, sem contato com outras pessoas. Muitas das inovações que implantamos na Microsoft tiveram o seu embrião nestas quarentenas. Leio muito! Assim, eu consigo ter um pensamento mais livre e criativo. Lá em casa, eu dei computadores aos meus filhos, mas antes tinham livros.

— Posso abordar algo mais íntimo? Como está o seu relacionamento com a sua sócia e ex-esposa, Melinda?

— Melinda e eu nos conhecemos em 1987 em um evento da Microsoft, pois ela trabalhava na empresa. Ela é uma cientista da computação, sempre teve destaque profissional e nos casamos em 1994. Na Microsoft eu decidia, mas na Fundação Bill e Melinda Gates, somos cofundadores e tomamos as decisões juntos. Na gestão dos filhos, a maior parte ficou com Melinda devido às minhas viagens. Ela foi uma grande parceira e não reclamo dela. Ela diz que meu cérebro é caótico porque lido com muitas complexidades simultaneamente. Ela é questionadora, desafia as minhas certezas, quer saber as chances de um projeto dar certo ou errado. Apesar de ela me dar algumas broncas, somos bem-humorados e agimos de forma igual. A Melinda também é otimista e sabe lidar melhor com as pessoas. Porém, recentemente, chegamos à conclusão de que era melhor nos separarmos, mas isso não afetará a Fundação.

— Vou fazer a última pergunta. Em uma entrevista recente, um jornalista lhe perguntou qual seria a última frase que você gostaria de falar antes da sua morte. Sua resposta foi: "Obrigado, Melinda"! E aí?

Bill ficou um bom tempo com o olhar perdido em algum ponto da sala e não falou nada. Ao nos despedirmos, ele mostrou a foto da Melinda e dos seus três filhos e deu um grande sorriso, quase justificando o seu apelido da época de escola: "Garoto Feliz".

Dicas de Bill Gates

1. Cerque-se de pessoas que desafiam você a ser melhor, que ensinam você e que fazem você de fato ser melhor.
2. Eu meço minha felicidade através do quanto as pessoas próximas a mim são felizes, me amam, e através da diferença que eu faço na vida das pessoas.
3. A vida não é fácil, acostume-se com isso. O mundo não está preocupado com a sua autoestima. O mundo espera que você faça alguma coisa útil por ele antes de aceitá-lo.
4. Lute contra as injustiças, sejam as que ocorrem na sua vizinhança ou no outro lado do mundo. Assuma responsabilidades sociais e contribua para o desenvolvimento da humanidade. Incentive ideias e ações que possam melhorar a vida de todos.
5. Amplie seus conhecimentos em ciências, matemática e economia. Os profissionais dessas áreas são os futuros agentes de mudança para todas as instituições.
6. Seja otimista, mas estabeleça metas e objetivos claros para poder colocar os seus planos em prática.
7. Aprenda sempre, tenha aprendizado contínuo e procure expandir os seus conhecimentos para outras áreas de atuação, o que permite a interlocução e promove a criatividade.
8. Erros fazem parte do caminho e não devem se tornar lamentos. As falhas servem como aprendizados fundamentais para o sucesso. É genial festejar o sucesso, mas é mais importante aprender com as lições do fracasso.

9. Pense fora da caixa, priorize o pensamento criativo e procure realizar suas atividades de formas inovadoras.

10. Aceite *feedbacks*, separe as críticas construtivas e reavalie onde o seu trabalho pode ser aprimorado. Seus clientes menos satisfeitos são a maior fonte de aprendizado.

11. Tenha uma equipe entrosada, incentive a colaboração, ouça a todos. Certamente existirá uma proliferação de ideias criativas.

12. A chave do sucesso nos negócios é perceber para onde o mundo se dirige e chegar ali primeiro. Para ser grande, às vezes é necessário correr riscos enormes.

13. Se você não puder fazer algo bem, pelo menos faça de maneira que tenha uma boa aparência.

14. Escolha uma pessoa preguiçosa para fazer um trabalho pesado, pois devido à preguiça ela vai encontrar uma forma simples de resolver o problema.

15. As pessoas sempre têm medo das mudanças. Tinham medo da eletricidade, quando foi inventada.

16. A internet está se transformando na praça central da aldeia global do amanhã.

17. A maneira como você coleta, gerencia e utiliza as informações determina se você vai vencer ou perder.

18. Trabalhamos com o propósito de tornar nossos produtos obsoletos, antes que nossos concorrentes o façam.

CONCLUSÃO

Nós estávamos satisfeitos e até mesmo eufóricos com os resultados das viagens, principalmente pelo aprendizado que obtivemos. Resolvemos então marcar um encontro para efetuar uma análise geral e também comemorar. Como moramos na mesma cidade, não precisamos utilizar nem a máquina do tempo e muito menos o teletransporte, que foram fundamentais para a realização das entrevistas.

Ao avaliarmos as conversas efetuadas com cada personalidade, começamos a questionar quais seriam os hábitos, atitudes e comportamentos mais comuns a esses personagens tão bem-sucedidos e que contribuíram, de forma significativa, para a inovação, empreendedorismo e mesmo benefícios para a humanidade. Nestas viagens realizadas, tivemos a oportunidade de conhecer um pouco mais sobre a vida de pessoas que viveram e se destacaram nos séculos XIX, XX e XXI, sendo que muitos deles atuaram em segmentos e cenários diferentes. Além disso, apesar da maioria ter nascido nos Estados Unidos, outros eram originários da Europa (Alemanha, França e Espanha) ou mesmo da América do Sul, neste caso, do Brasil.

A conclusão foi que, independentemente do sexo, idade, origem, nível educacional, segmento de atuação, época ou mesmo cenário político e econômico, todos apresentavam muitas características comuns, que foram fundamentais para o brilhantismo e sucesso de cada um deles. Foi importante, para estas personagens, atuar em países onde a livre iniciativa era permitida e até mesmo estimulada, mas percebemos que eles se comportam, na maioria das vezes, de forma diferente das pessoas consideradas "normais" para a sociedade ou mesmo para o mercado.

O objetivo final que então nos propusemos a enfrentar foi identificar e relacionar as principais maneiras como cada um dos entrevistados pensava, falava, agia, enfrentava desafios e solucionava problemas. Após analisar o conteúdo das conversas e registros efetuados, identificamos atitudes e características comportamentais comuns à maioria deles e que também são identificadas em outros empreendedores. Assim, foi possível perceber como são e atuam estes exemplos de inovação e empreendedorismo:

1. São otimistas e pensam de forma positiva.

Enxergam o lado bom das coisas, durante os desafios e situações que enfrentam, mesmo quando o momento parece desfavorável. Sendo otimistas, energizam a equipe e focam na solução e não no problema. O otimismo demonstrado aumenta a autoconfiança deles e da equipe.

2. Os sonhos são grandes e ousados.

Seus sonhos não têm limites e não se importam se as outras pessoas os consideram possíveis ou impossíveis. O pensamento, sem limites, facilita a criatividade e permite sair da realidade. Partem do princípio que tudo é possível. A grandiosidade e a ousadia não os apavoram.

3. Transformam os sonhos em metas desafiantes.

Os sonhos que são considerados prioritários e que devem ser realizados são transformados em metas, muitas vezes audaciosas, mas com elevado significado pessoal. Analisam a viabilidade de cada uma e iniciam o seu planejamento. Todas as metas têm prazos.

4. Praticam o *benchmarking* e conhecem as experiências dos outros.

Identificam as melhores empresas e práticas do mercado para analisar e, se viável, implantar no seu negócio. Visam novos produtos e serviços, aumento de receitas, redução de custos e aumento de lucros. Buscam também informações com clientes, fornecedores, prestadores de serviços e concorrentes.

5. Investem em conhecimento e sabem que o aprendizado é contínuo.

Acreditam que um profissional, por mais experiente que seja, é um eterno aprendiz. Entendem que investir em conhecimento para si próprio, para sua equipe e para o seu negócio, geram resultados rápidos, pois assim, a confiabilidade das tomadas de decisões melhora.

6. Definem prioridades.

Como têm objetivos bem definidos e consideram o tempo um recurso escasso, definem o que é mais importante e prioritário. Identificam o que é relevante e fundamental para atingir as metas. Delegam as atividades mais operacionais e focam sua atuação nos assuntos mais estratégicos.

7. Aproveitam as oportunidades.

Estão sempre antenados com o mercado. Como são otimistas e curiosos, analisam, com frequência, novos tipos de negócios mesmo que existam riscos, pois sabem que na vida nada é seguro. Não descartam contatos, conversas e possibilidades de parcerias. São mais ativos que passivos.

8. São persistentes e não desistem dos seus objetivos.

Têm foco, sabem que irão enfrentar dificuldades, confiam em si próprios e não desistem perante os obstáculos que sempre encontram. Persistem, tendo energia e controle emocional para continuar lutando. Quando necessário, mudam de estratégia, mas não desistem dos objetivos.

9. Trabalham muito.

As experiências bem-sucedidas mostram que o volume de trabalho é essencial para atingir os objetivos. Sabem que não podem contar com a sorte. Como amam o que fazem, trabalho para eles, é diversão, e por isso não é sacrifício dedicar uma alta carga horária semanal para fazer o que gostam.

10. Vários tiveram experiências profissionais na adolescência e até na infância.

Os conceitos de empreendedorismo e inovação se apresentam desde a infância, pois os bem-sucedidos demonstram suas habilidades desde cedo. As experiências precoces estimulam atitudes como iniciativa, autoconfiança, comprometimento, persistência e, principalmente, percepção do mercado.

11. Aceitam sacrifícios para atingir os objetivos.

Têm visão de longo prazo e se comprometem a transformar seus sonhos em metas. Assim, estão sempre dispostos a fazer sacrifícios na sua vida pessoal e familiar, pois têm consciência que é necessário muito esforço e trabalho para serem bem-sucedidos nas suas atividades.

12. Procuram trabalhar com os melhores profissionais.

Sabem que é fundamental ter uma equipe motivada, comprometida, capacitada e com habilidades que permitam decidir e agir com foco em resultados. Efetuam esforços para recrutar e manter esses talentos. Investem na capacitação, condições de trabalho e remuneração, que são mais atraentes que a média do mercado.

13. Pensam a longo prazo.

Desejam algo duradouro e entendem que, normalmente, os resultados somente aparecem a longo prazo. Assim, com esta visão de futuro, são mais pacientes e constroem o negócio, etapa por etapa. Mesmo trabalhando muito, decidindo e agindo com rapidez, sabem que existirão erros e obstáculos que serão superados gradativamente.

14. A autorrealização é mais importante que o dinheiro.

O elevado nível de inovação e empreendedorismo que apresentam são motivados muito mais pela autorrealização do que por eventuais lucros que possam auferir no futuro. O sentimento de saber que é capaz de realizar os seus sonhos potencializa sua iniciativa e persistência. Demonstram um grande conhecimento de si mesmos e têm necessidade de independência.

15. Aceitam e aprendem com os fracassos.

Sabem que fracassos e erros são inevitáveis, não se lamentam e aprendem com o ocorrido. Entendem que as experiências não exitosas ensinam mais que o sucesso. Analisam as falhas e tiram lições úteis que os ajudam na evolução do negócio. Se necessário, se reinventam, inovam e tomam novos rumos.

16. Têm coragem para ousar e inovar.

A autoconfiança, a aceitação de correr riscos, a necessidade de autorrealização, geram a coragem para inovar e começar novos negócios. Aproveitam as oportunidades, não se acomodam e sustentam suas opiniões mesmo quando existem posicionamentos contrários. Demonstram não ter medo das incertezas e saem da zona de conforto.

17. São autoconfiantes e acreditam em si mesmos.

Acreditam na própria capacidade de enfrentar os desafios e tomar decisões. A existência de uma elevada autoestima normalmente aumenta a autoconfiança. Um líder autoconfiante inspira confiança na equipe e nos parceiros, despertando a motivação, que é essencial para um negócio ser bem-sucedido.

18. Pensam "fora da caixa".

Não seguem os padrões normais de pensamento, que são comuns à maioria das pessoas. Procuram soluções diferenciadas e inovadoras, tendo uma visão do mundo por outras perspectivas. No fundo, são "inconformados" e não aceitam as normas tradicionais, seja em nível pessoal, meio corporativo ou mesmo acadêmico. É normal quebrarem regras.

19. Compartilham conhecimentos.

Como estão sempre aprendendo, também ensinam e compartilham as informações e conhecimentos adquiridos. Não têm receio de repassar seus aprendizados para a equipe. Essa interação melhora o clima de trabalho e agiliza o desenvolvimento profissional de todos, gerando uma sinergia que facilita a obtenção de resultados.

20. Têm uma crença.

Cada um, a seu modo, normalmente tem o seu conceito de espiritualidade ou mesmo religião, com boa parte seguindo o cristianismo. Apesar do alto nível de competitividade que apresentam, é comum ajudarem o próximo ou mesmo entenderem que a natureza é fruto da criação divina.

21. Consideram o tempo um recurso valioso e finito.

Como o tempo é um recurso finito e não renovável, existe um sentimento de aproveitar o máximo do tempo. Assim, as análises, tomadas de decisão e implantação são sempre rápidas. Seguem a premissa que se administrarem bem o seu próprio tempo, poderão administrar melhor as suas atividades e negócios.

22. Não têm receio de encarar os desafios.

Demonstram um alto nível de coragem para sair da zona de conforto, correr riscos, superar obstáculos e vencer as incertezas. Têm uma força interna superior ao normal, para levar à frente os seus planos. Apresentam coragem para recomeçar. Não aguardam as decisões dos outros e se antecipam.

23. Correm riscos calculados.

Têm consciência de que, para realizar algo, principalmente de maior porte, existem riscos. Analisam previamente as possibilidades de insucesso ou erro nos projetos ou mesmo tomadas de decisão. Desenvolvem ações para prevenir, mas sabem que poderão existir fracassos.

24. Decidem e agem com rapidez.

Como consideram o tempo essencial para a gestão, as decisões e ações são sempre muito rápidas. Apesar do elevado número de alternativas existentes, demonstram segurança e não têm receios de fazer suas escolhas, conforme suas crenças e valores. Usam também a intuição e evitam procrastinar.

25. Gostam de ler.

São ávidos por conhecimento, tendo o hábito de ler diariamente revistas, jornais e livros. Escolhem temas que possam despertar a criatividade ou gerar novos conhecimentos, ou, ainda, desenvolver posturas críticas. Acreditam que a leitura facilita conhecer diferentes visões e experiências que lhes são úteis.

26. Param para pensar.

Dedicam parte significativa do tempo para pensar, sozinhos ou em equipe. Para realizarem os seus sonhos, buscam muitas informações, estudam o mercado, analisam experiências anteriores, investigam concorrentes. Alguns se isolam na própria empresa ou mesmo em sua residência. Outros procuram um lugar isolado, perto da natureza, para refletir sobre seus projetos.

27. Desejam ajudar as pessoas e a humanidade.

São visionários, buscam autorrealização e esperam que seus estudos, projetos, produtos ou serviços possam melhorar a qualidade de vida das pessoas, ajudar uma região ou mesmo impactar positivamente a humanidade. Querem atender as expectativas e necessidades da sociedade. Sentem-se felizes quando geram empregos e dão retorno para a comunidade.

28. Usam a rede de relacionamento.

Utilizam e desenvolvem, com competência, o *networking*, ou seja, uma rede de contatos para buscarem sócios, investidores, parceiros, fornecedores e prestadores de serviços. Trocam informações e conhecimentos para desenvolverem seus projetos. Não permitem que uma possível timidez possa impedir contatos e parcerias que sejam benéficas aos projetos.

29. Trabalham em equipe.

Entendem que o trabalho em equipe gera sinergia positiva e que pessoas diferentes têm habilidades e experiências também diferentes. Algumas vezes, a forte personalidade do empreendedor e o seu compromisso com resultados fazem com que ele adote atitudes polêmicas perante a equipe. Porém, como transmitem outros bons exemplos, conseguem contornar eventuais incompreensões.

30. São líderes.

Parte significativa do sucesso dos seus projetos pode ser atribuída ao bom conceito de liderança que a maioria exerce perante a equipe e parceiros. Eles compartilham o propósito e detalham os conceitos do negócio para inspirar a todos. Cada um, a seu modo, adota ações para motivar seus profissionais.

31. Não têm receios de decidir.

É normal o ser humano ter medo de decidir, mas essas pessoas bem-sucedidas sabem que a pior decisão é não decidir. Quando indecisos sobre a escolha, buscam mais informações e ouvem outros profissionais. Sabem que,em qualquer decisão, podem existir erros, mas sempre decidem.

32. Sabem dizer "não" quando é necessário.

Como têm prioridades e focos nos resultados, sabem que precisam fazer escolhas. Por isso, dizem a palavra "não" quando estão em jogo os valores da empresa ou mesmo o atingimento dos objetivos. Não colocam em risco os negócios para agradar as pessoas, mesmo que estas sejam próximas.

33. Planejam e monitoram a evolução.

Acreditam que ter sonhos e metas audaciosas não bastam, pois é necessário planejar as ações necessárias. Estudam as diversas alternativas, ouvem opiniões diferentes e dividem as tarefas de grande porte em ações de pequeno porte. Controlam o andamento e fazem correções de rumos.

34. Estão sempre entusiasmados.

Como são autoconfiantes e possuem compromisso com os resultados, seu nível de entusiasmo é alto, e não se importam de sair da sua zona de conforto. Defendem suas ideias com entusiasmo, o que estimula, contagia e energiza a equipe para atingir os objetivos.

35. Adaptam-se às mudanças do mercado.

Entendem, independentemente da época, que o mundo em alta velocidade impõe mudanças que exigem avaliações rápidas e constantes. Reavaliam constantemente os planos, buscam novas tecnologias e processos, bem como especialistas que possam ajudá-los a adaptar-se ao novo cenário.

36. Têm *hobbies* que os ajudam a pensar.

Muitos deles adotam alguns *hobbies*, que geram impacto direto nas suas atividades cerebrais, melhorando o humor, estimulando a criatividade e a capacidade de solucionar problemas. Alguns desses *hobbies* são: ler, fazer caminhadas, tocar instrumentos musicais, praticar esportes, ouvir música e fazer exercícios físicos.

37. Sabem que o resultado é importante.

Têm foco nos resultados, apesar de saberem que outros fatores são importantes. Revisam os planos, motivam e orientam a equipe para que esta tenha um senso de pertencimento maior e fique mais comprometida com o atingimento dos objetivos.

***

Apesar de sabermos que existem muitos outros aspectos, brindamos pela missão cumprida e consideramos esta primeira parte do trabalho concluída, atingindo nossas expectativas, afinal, havíamos conhecido as experiências de profissionais bem-sucedidos, obtivemos um alto nível de aprendizado e agora estamos compartilhando este conhecimento para que outras pessoas também possam usufruir disso.

Porém, decidimos guardar com carinho a máquina do tempo e o teletransporte. Afinal, para nós, como o aprendizado é contínuo e ainda existem muitos ícones da inovação e empreendedorismo a serem contactados, certamente existirão mais conversas num futuro próximo.

Então, amigo leitor, aguarde que novas histórias virão!

...

REFERÊNCIAS CONSULTADAS

ABC News, Abril, Administradores.com, Amazon, Apple, Aventuras na História — UOL, BBC News Brasil, BBC News Mundo, BBC, Bizziness, Blog Reclame Aqui, Blog Revelo, Bolsamania TV, Bonde, Buenas Ideas, Business Insider, Canal Nostalgia, Canal Rural, Canaltech, Chanel, Ciência em Tela, Computerworld, DCI, Descomplicando a Moda, Destino Negócio, Diário do Rio, Dinheiro e Lazer, Dinheiro Vivo, Disney.com, disneyland.disney.go.com, Documentário — A História do Empreendedorismo de Walt Disney, Documentário Nostalgia, eBiografia, El País, Elementar, Elle, Emporio Charme, Endeavor, Engenharia 360, Entrepreneur, Época Negócios, Escola Conquer, Escola, Euronews, Exame.com, Fashion Bubbles, Fatos Desconhecidos, Filme Coco antes de Chanel, Filme Mauá - O Imperador e o Rei, Filme Walt antes de Mickey -Net Movies, Finance News, Flatout, Folha de Cianorte, Folha de São Paulo, Forbes, Ford Motor Company, Fortune, Fundação Bill e Melinda Gates, Gospel Mais, Harvard University, Heflo, Henry Ford - Documentário — The Biography Channel. History Channel, HSM University, IBC Coaching, Ibnd, Brasil, Império Retrô, Info Escola, InfoMoney, Infopédia, Innovatrix, Insider, Integrando Conhecimento, Investimento e Notícias, Isto É Dinheiro, Jornal Contábil, Jornal de Negócios, Jornal do Empreendedor, Learn English Through Story, Lilian Pacce, Line Instituto, Livro A regra é não ter regras - Reed Hastings e Erin Meyer - Ed. Intrínseca, Livro Barão de Mauá, o empreendedor, de Gilberto Marangoni - Ed. Sebrae, Livro De Zero a Zara, Xabier Blanco- Jesus Salgado - Editora A Esfera dos Livros, Livro Elon Musk: Como o CEO bilionário da SpaceX e da Tesla está moldando nosso futuro - Editora Intrinseca, Livro Mauá : empresário do império de Jorge Caldeira - Editora Companhia das Letras, Livro O Gênio da Zara: A História de Amancio Ortega, o Ícone da Fast Fashion de Covadonga O'Shea - Editora Seoman, Livro Steve Jobs de Walter Isaacson. - Editora Companhia das Letras, Maestro Virtuale, Magazine Luiza, Manual do Homem Moderno, Mercado e Consumo, Meu Positivo, Microsoft, Move Notícias, Mulheres do Brasil, Na Prática, NBC News, Netflix, Notícias Automotivas, Nova Escola, Nuvem Shop Blog, O Código Bill Gates - Netflix, O Estado de São Paulo, O Globo, Oficina da Net, Olhar Digital, Os Caras de Negócios, Passo a Passo Empreendedor, Pensador, Planeta Novo, Postcron, Programa Roda Viva — TV Cultura, Revista Exame, Revista Galileu, Revista L'Officiel, Revista PEGN, Revista Sexto Sentido, Showmetec, Suno, Superprof, TechTudo, TecMundo, Tecnoblog, TED, Terra, The Wall Street Journal, Toda Matéria, UFRGS, Unicamp, Universia, UOL, Usabit, USP, Vanity Fair, Veja, Venda Mais, Você Sabia?, Web Motors, Westwing, Wikipedia, Yahoo Finanças.

Dados Técnicos:

• Formato:	14 x 21 cm
• Mancha:	10,5 x 19,5 cm
• Fontes:	Parisine Plus Std/Abril Text
• Corpo:	12
• Entrelinha:	15
• Total de Páginas:	172
• 1ª Edição:	2022